农村社会治理体系研究

李菊青 著

吉林文史出版社

图书在版编目（CIP）数据

农村社会治理体系研究 / 李菊青著 . — 长春 : 吉
林文史出版社 , 2024.5
　　ISBN 978-7-5752-0230-5

　　Ⅰ . ①农… Ⅱ . ①李… Ⅲ . ①农村 – 社会管理 – 研究
– 中国 Ⅳ . ① C912.82

中国国家版本馆 CIP 数据核字 (2024) 第 105491 号

农村社会治理体系研究
NONGCUN SHEHUI ZHILI TIXI YANJIU

著　　者：李菊青
责任编辑：程　明
出版发行：吉林文史出版社
电　　话：0431-81629359
地　　址：长春市福祉大路 5788 号
邮　　编：130117
网　　址：www.jlws.com.cn
印　　刷：河北万卷印刷有限公司
开　　本：710mm×1000mm 1/16
印　　张：14
字　　数：206 千字
版　　次：2024 年 5 月第 1 版
印　　次：2024 年 5 月第 1 次印刷
书　　号：ISBN 978-7-5752-0230-5
定　　价：88.00 元

前　言

　　《农村社会治理体系研究》这一学术专著旨在深入探讨和分析农村社会治理的理论与实践，构建与我国农村社会发展相适应的治理体系。随着社会主义现代化建设的不断深入，农村社会面临着前所未有的机遇与挑战。如何科学、有效地进行农村社会治理，已成为当前我国社会发展的重要课题。本书立足农村社会的实际情况，综合分析农村社会治理的历史演变、现状以及未来发展趋势，试图为我国农村社会治理提供理论支撑和实践指导。

　　全书在结构安排上，首先从农村社会治理的概念、内涵及其重要意义入手，为读者提供一个全面的理论框架。紧接着，本书通过历史的视角审视了农村社会治理的历史变迁，揭示了农村社会结构变迁对社会治理的深远影响。书中也对农村社会治理的组织体系、法治体系和社会保障体系进行了系统的剖析，旨在揭示这些体系在农村社会治理中的作用机制和实践路径。本书还着重探讨了农村文化对农村社会治理的深层次作用，以及农村社会治理体系的创新发展，试图为农村社会治理提供更为广阔的视角和更深层次的理解。

　　在农村社会治理的研究中，本书特别强调了农村文化体系建设的重要性。随着社会治理现代化的不断推进，农村文化体系的构建显得尤为重要。文化不仅仅是农村社会治理的软实力，更是农村社会凝聚力和创造力的源泉。本书通过深入分析农村文化的历史变迁、当代构成以及对社会治理的深层次作用，提出了以治理现代化为取向的农村文化体系建设方略，为促进农村文化与社会治理的有机融合提供了理论和实践的参考。

　　在农村社会治理体系的创新发展方面，本书探索了在新时代背景下农村社会治理的新思路和新策略。在全球化、信息化的大背景下，农村社会治理面临着新的挑战和机遇。本书提出了适应新时代要求的农村社会治理体系创新方案，为农村社会治理的现代化提供了新的思路和方法。最后，本书在深入分析和研究的基础上，提出了构建新型农村社会治理体系的方略。这一方略立足我国农村的实际情况，结合国内外治理经验和实践，为我国农村社会治理提供了可行的建议和指导。

目 录

第一章 农村社会治理概论

第一节 农村社会治理的内涵及意义

一、农村社会治理的内涵

农村社会治理，也可以称为"农村治理"。最早可以追溯至 1998 年，华中师范大学中国农村研究中心学术团队的研讨会首次提出"农村治理"的概念，这是"农村治理"的雏形。这一概念吸收借鉴了风靡全球的"治理"理论①。自此之后，"农村治理"概念逐渐取代了"村民自治""村治"等概念在我国农村社会中的主导地位。随着社会发展，又相继出现了"乡村社会治理""农村社会治理"等概念。

2000 年，徐勇首次明确"农村治理"的内涵，认为农村治理是指"通过解决农村面临的问题，实现农村的发展和稳定"②，此为"农村治理"内涵的首次阐述。在此基础上，众多学者对其内涵进行深度阐述。例如，郭正林从组织的视角对"农村治理"进行了界定，认为农村治理就是"性质不同的各种组织，包括乡镇的党委政府、'七站八所'、扶贫队、工青妇等政府及其

① 徐勇．乡村治理与中国政治 [M]．北京：中国社会科学出版社，2003：235．
② 徐勇．挣脱土地束缚之后的乡村困境及应对：农村人口流动与乡村治理的一项相关性分析 [J]．华中师范大学学报（人文社会科学版），2000（2）：5-11．

附属机构，村里的党支部、村委会、团支部、妇女会、各种协会等村级组织，民间的红白事理事会、慈善救济会、宗亲会等民间群体及组织，通过一定的制度机制共同把乡下的公共事务管理好"①。而后贺雪峰指出，农村治理是指"如何对中国的农村进行管理，或中国农村如何可以自主管理，从而实现农村社会的有序发展"②。随之党国英进一步指出，农村治理是"农村社会处理公共事务的传统和制度，包括监督政府工作和设置政府更迭程序，也包括政府制定和执行政策的能力，以及居民对这些制度的服从状况"③。此定义首次将社会处理公共事务传统和制度视为一体，强调了治理和公共事务之间的关系。万小艳对农村治理则提出"在农村社区中，通过农村公共权力介入社区个体成员无力解决的公共事务，达成社区范围内的规模收益，从而实现农村发展"④。张润泽、杨华认为农村治理是"一种综合治理，它把农村的政治、经济、文化、社会诸多元素都统摄进来，以更广泛、更宏大的视野观察生活，而不囿于单纯民主化治理的村民自治"⑤。

在农村社会中，治理主体不局限于传统的正式权力机构，即基层政府，其结构更为复杂，包括基层政府、村委会等自治组织、民间组织及村民个体。这些不同层级的主体在农村治理中发挥着互补与协同的作用，形成了一种多元并存、相互制约和影响的关系。这种治理模式突破了传统的自上而下的单一权威结构，转而倡导横向的合作与平等关系。在这一治理架构中，乡镇政府通常扮演着指导和协调的角色，而非单一的领导者。相较之下，村级自治组织、民间组织与村民在治理过程中的作用更加显著。这种治理模式强调公共参与和社区自治，提高了农村社会治理的有效性和适应性。其中，村

---

① 郭正林.乡村治理及其制度绩效评估：学理性案例分析 [J].华中师范大学学报（人文社会科学版），2004（4）：24-31.

② 贺雪峰.乡村治理研究的三大主题 [J].社会科学战线，2005（1）：219-224.

③ 党国英.论取消农业税背景下的乡村治理 [J].税务研究，2005（6）：3-6.

④ 万小艳.乡村治理与新农村建设：湖北秭归杨林桥社区建设与治理的实践探索 [M].北京：知识产权出版社，2010：18.

⑤ 张润泽，杨华.转型期乡村治理的社会情绪基础：概念、类型及困境 [J].湖南师范大学社会科学学报，2006（4）：11-13，30.

级自治组织在促进村民公共参与、解决农村社会公共事务中起到关键作用。农村治理的有效性在很大程度上取决于各治理主体功能的发挥和相互间的协同效应。不同治理主体之间通过协商、合作来共同应对和解决农村社会面临的各种问题。这种治理模式的优势在于其能够充分利用和整合不同主体的资源与优势，从而构建一个更加和谐有序的农村社会。

从治理目标来看，农村治理的核心在于实现公共利益的最大化和维护农村社会的和谐稳定。治理的过程涉及广泛的社会活动，旨在通过有效处理农村的各项公共事务来促进农村公共利益。这种治理不只局限于解决经济发展问题，还包括解决村民之间的纠纷，维护村民的合法权益，以及协调不同利益主体间的关系。在农村社会治理中，公共利益的最大化不仅是各治理主体共同合作的前提，还是农村社会治理持续推进的内在动力。这种以公共利益为导向的治理模式，确保了农村社会的长期稳定和有序发展。它要求各治理主体在处理任何农村内部事务时，都必须考虑到其对公共利益的影响，无论是公共发展问题、村民之间的纠纷，还是家庭内部的矛盾。农村社会治理能否成功，从根本上来说，依赖于各治理主体能否在处理各类事务时，始终将农村公共利益放在首位。这要求各治理主体不仅要关注经济发展，还要兼顾社会正义、环境保护和文化传承等方面，全面推动农村社会的持续和谐发展。

从治理过程来看，农村治理的内涵体现在其自主化特征上。农村社会治理是一个包含政府治理和村民自我治理两大部分的复杂社会治理过程，涵盖了多种利益群体和多层次社会问题。鉴于农村社会的多样性和复杂性，如地域的广阔和人口的分散，政府在农村社会治理中的作用受到一定的局限，无法完全依靠自身力量全面管理和调控农村社会。实际上，在这种背景下，农村社会治理更侧重于村民自治。政府主要起到宏观调控和政策指导的作用，而农村自治组织则在微观层面通过自主治理进行具体的协商和处理。这种自治组织的培育和发展逐步构建了一种自主治理的社会治理体系，使得农村社会组织能够有效地共同管理各类公共事务。自主化的治理过程还体现在村民的广泛社会参与上。村民的积极参与是农村公共事务得以及时和有效地处理的关键。这种参与不仅包括对具体事务的处理，还包括对农村治理结构和流程的意见反馈和建议提出。村民的广泛参与有助于提升治理过程的透明度和公正性，同时增强了农村社会治理的有效性和适应性。

二、农村社会治理的意义

（一）保障广大村民合法利益的必然要求

农村治理是一种涵盖广泛的社会治理方式，其目标是保障广大村民群众的合法利益、提高他们的生活质量，并构建一个和谐的农村社会环境。农村作为我国社会的重要组成部分，其稳定直接影响着整个社会的和谐与稳定。因此，农村社会治理水平的高低不仅是衡量社会质量的重要标准，还是保障广大村民合法利益的关键。

当前随着社会的不断进步和发展，我国的农村社会正处于一个关键的转型期。在这一时期，各种社会矛盾和冲突频繁出现，这就需要构建一个有效的社会治理机制，以科学妥善地处理这些基层社会矛盾，满足广大村民群众的利益诉求。农村社会治理不仅是乡镇政府的责任，还需要村民组织和村民个体的积极参与。这种治理模式强调的是各方面的协调与谈判，以实现公共利益最大化，不仅可以代表广大村民群众的利益，还能够有效协调不同利益群体之间的关系，为村民提供一个更加舒适、和谐、有序的生活环境。

（二）实现城乡统筹协调发展的必然要求

随着经济的快速发展和社会的深刻变革，我国农村面临着前所未有的挑战和机遇。传统的农村治理模式已逐渐显露出不适应新时代农村经济社会发展的局限性，迫切需要创新和改革以适应新阶段的发展要求。农村治理的创新成为实现新型城镇化和新农村建设的关键，这不仅是对传统治理模式的革新，还是实现城乡统筹协调发展的必然要求。我国正坚定不移地推进"新型城镇化"与"新型农村社区建设"，这一进程中涉及众多复杂且紧迫的问题，如农民市民化、土地产权、集体利益分配和农村经济发展等。这些问题的解决不仅是农村社会治理的重要内容，还是检验治理体系和治理能力现代化的重要标尺。传统的农村治理模式面临的挑战在于如何有效应对这些新情况、新问题，以及如何在保障农民权益的同时促进农村社会的稳定与发展。我国正致力于提升国家治理体系和治理能力现代化，而农村社会治理在这一进程中显得尤为关键。城乡社会治理水平的差距反映了治理体系的不均衡，缩小这一差距、提升农村治理水平成为实现整体社会治理现代化的重要任务。加强农村治理，意味着需要更好地解决农村的社会矛盾和冲突，协调各类社会关系，以适应和引领农村的快速发展。

（三）化解农村社会复杂矛盾的必然要求

随着农村社会的发展和新型城镇化的不断推进，农村治理面临着日益复杂和多样化的挑战。这些挑战包括村民增收难题、基本公共服务的不足、土地征用难题、新生代农民工的问题、留守儿童和空巢老人的关怀问题、农村文化建设的滞后以及农村社会组织的缓慢发展等。这些问题的存在不仅仅影响农村社会的和谐与稳定，如果不及时有效地解决，可能会演化成更大的社会矛盾，甚至影响整个社会的和谐稳定。加强农村治理成为应对这些挑战、化解矛盾的必然条件。农村治理不仅包括治理本身，还包括服务的重要内容。其核心任务是协调农村社会的利益关系，及时化解农村社会的矛盾和冲突，维护农村社会的公平和正义。这包括但不限于回应村民群众的利益诉求，保障他们的合法利益，以及提供必要的社会服务和支持。

农村治理的重点在于识别和解决农村社会中存在的复杂问题，这要求治理者不仅要对农村问题有深入的理解和认识，还需要具备创新和应变的能力。这些问题的解决不仅需要政府的参与，还需要村民、社会组织、企业等多方面的协作与努力。特别是在社会转型的大背景下，农村治理更需要适应新的社会经济条件，采取更加灵活和有效的措施来应对这些挑战。

（四）适应农村社会结构转型的必然要求

随着新型城镇化、工业化、信息化和农业现代化的深入推进，农村社会结构正经历一次深刻的转型，涉及经济、政治、社会和文化各个层面。这种转型主要表现在经济结构、家庭结构、人口结构、价值观念、社会阶层以及组织结构等方面的显著变化。这些变化不仅打破了原有的农村社会秩序，还带来了一系列新的社会问题和挑战，对农村治理提出了新的要求。在经济结构上，农村社会从传统的以农业为主导结构向多元经济结构转变。这一转变引发了村民收入水平和生活方式的变化，进而导致了社会阶层间的分化和利益矛盾的加剧。家庭结构的变迁，如留守儿童和空巢老人的增多，也对农村社会的稳定构成挑战。人口结构的变化，如新生代农民工的流动，也使得农村社会面临更为复杂的管理和服务需求。价值观念的转变是农村社会结构转型中的另一个重要方面。随着市场经济的发展，村民的价值观念由传统的单一化向多元化转变，同时出现了道德滑坡、过度自利等问题，对农村社会的和谐稳定构成挑战。

农村治理必须适应这些结构转型的要求，通过有效的政策和管理手段来应对新出现的问题和挑战。这包括但不限于推进农村经济的多元化发展、提升农村基础设施和公共服务水平、促进农村社会公平正义以及加强农村文化和道德建设。农村治理也需要更加重视村民的主体地位，激发他们的参与意识和创新能力，以共同推动农村社会的转型和发展。

第二节　农村社会治理的类型和特征

农村社会治理是一项复杂的社会治理活动，涉及众多治理主体、对象、手段和内容[①]。随着农村社会治理实践的深入，特别是随着村民自治制度和家庭联产承包责任制的广泛实施，农村社会经历了一系列重大的转型。这些转型促使农村社会治理相应发生变化，并逐渐形成了与传统社会管理不同的基本特征。关于农村社会治理的类别及其基本特征，不同学者从各自的视角进行了划分和分析。

---

① 杨述明，马德富.中国乡村社会治理 [M].武汉：湖北人民出版社，2016：8.

　　在现有的文献资料中，最具代表性的观点有两种：一种是根据村庄价值生产能力的强弱及村干部报酬来源的差异，将农村治理划分为原生秩序型、次生秩序型、合谋型和无序型四种类型；另一种是根据农村治理的主体不同，将其划分为官治模式和自治模式两种类型。本书主要参考贺雪峰教授的《关于农村社会治理类型的划分》和《对农村社会治理的不同类别及其基本特征》进行介绍和分析。通过这些分类和分析，可以更深入地理解农村社会治理的复杂性和多样性，以及农村治理在不同社会经济背景下的发展和变化。这对于深入理解农村社会的当前状况和未来发展趋势，以及制定有效的农村社会治理策略和措施具有重要意义。

一、原生秩序型农村社会治理及其特征

　　原生秩序型农村社会治理强调的是农村社会内生秩序的能力，这种治理模式是在农村具备一定自主性和自给自足的条件下形成的。在这种模式中，农村社会依靠内在的生产力和治理能力维持稳定秩序，较少依赖于乡镇政府的干预。这一治理类别的核心在于农村社会自身的公共服务提供能力和基础设施建设能力，也包括为农村社会精英提供精神价值的能力。

　　在原生秩序型农村社会治理中，农村精英和村民群众是主要的治理主体。农村精英在此过程中扮演着重要的角色，他们不仅代表村民利益与乡镇政府进行博弈，还在村民中享有较高的身份认同。这种身份认同基于农村精英对于村民利益的维护以及对村庄公共事务的贡献。农村精英的参与通常是出于对社会价值的追求，而非仅仅为了经济利益，这在一定程度上减少了腐败现象的发生。

　　原生秩序型农村社会治理还表现在农村社会能够自行提供足够的公共产品和服务，减少了对乡镇政府的依赖。这种自给自足的特性使得农村社会在某种程度上具有较高的自治能力和民主化程度。在这种治理模式下，村民与村干部之间的社会关系相对缓和，直接利益冲突较少，村干部与乡镇领导之间的关系也呈现出一种相对平等的状态，而非简单的上下级关系。

　　在原生秩序型农村社会治理中，乡镇政府在农村社会中的行政力量渗透相

对较弱，难以在农村社会中找到有效的代理人，这在一定程度上导致乡镇行政工作指标难以完成。这种治理模式的形成和维持，需要农村社会具备一定的经济基础和社会组织能力，以支撑起公共服务和基础设施的自主建设和运营。

原生秩序型农村社会治理模式体现了农村社会在特定经济和社会条件下的自主性和稳定性。它减少了农村对外部政府力量的依赖，农村更多地依靠内部的资源和能力来解决问题和管理公共事务。这种模式的成功实施，不仅依赖于农村社会内部的资源和能力，还需要农村精英和村民群众的积极参与和合作。通过这种方式，原生秩序型农村社会治理能够有效地维持农村社会的稳定和发展，为村民提供一个和谐、有序的生活环境。

二、次生秩序型农村社会治理及其特征

次生秩序型农村社会治理作为一种特定的治理模式，相对于原生秩序型治理而言，显示出一系列不同的特征和动态。农村社会尚未形成足够的内生秩序能力，因此在维持社会秩序的过程中，较为依赖于乡镇政府的支持和干预。尽管农村社会在这种模式下不能为农村精英提供足够的精神性价值，但能够通过提供物质性价值满足农村精英的经济需求。

在次生秩序型农村社会治理中，农村精英的角色及其行为模式呈现出显著的分化。一部分农村精英在代表乡镇政府利益与村民进行协商的过程中，会采取较为温和的方式，试图在完成乡镇政府任务和保护村民整体利益之间寻找平衡。这种策略反映了一种倾向于民主化的治理方式，重视村民利益与乡镇政府利益之间的平衡。而另一部分农村精英则更倾向于维护乡镇政府的利益，但在这一过程中他们也会在一定程度上考虑村民的利益，以避免村民的集体反抗。

次生秩序型农村社会治理的一个显著特征是农村自治能力的相对低下。由于缺乏足够的内生秩序能力，这种治理模式在治理过程中对乡镇政府的依赖程度较高。这种依赖关系不仅仅体现在行政支持上，也体现在经济和社会资源的配置上。农村精英在这种治理模式下既是乡镇政府的利益代理人，又是村民的利益代理人，他们需要在这两者之间寻找平衡。这种双重角色使得

农村精英在进行治理时面临复杂的挑战，尤其是在利益协调方面。农村精英与乡镇政府之间的关系通常是领导与被领导的关系。在这种关系下，农村精英的主要职责是完成上级乡镇政府下达的各项行政指标。这种上下级的关系在一定程度上限制了农村精英的自主性，使得他们在实际操作中更多地倾向于顺应乡镇政府的指示和要求。

三、合谋型农村社会治理及其特征

合谋型农村社会治理是一种在特定条件下形成的治理模式，其特点在于农村社会自身既无法提供足够的社会性收益，如声誉和社会地位，又不能提供充足的经济性收益，如合法的经济收入和物质资源。在这种模式下，农村干部往往利用手中的权力为私利服务，这不仅仅损害了农村社会的公共资源，也导致了治理的混乱和效率低下。

在合谋型农村社会治理模式中，农村社会的生产价值能力较低，这影响了对农村精英的吸引力。由于农村社会自身缺乏足够的吸引力，所以能够积极参与农村治理的精英数量有限，多数精英不愿投入治理中。在这种情况下，愿意出任农村干部的人往往是那些寻求通过农村权力获取非法收入的个体。这些干部在治理过程中，可能会牺牲村民和农村社会的长远利益，以获取短期的个人利益。

合谋型农村社会治理的一个显著特征是农村干部与乡镇政府之间形成的合谋关系。为了维护这种关系，农村干部不仅需要完成乡镇政府下达的任务，甚至可能通过贿赂等手段确保自己的地位。这种关系的形成和维持导致了农村干部与村民之间的利益冲突和关系紧张。由于农村社会内部关联度不高，内在的约束力不强，原子化现象突出，村民间的社会联系并不紧密。这种社会结构导致村民在监督农村干部行为方面既缺乏主观意愿，又缺乏有效的渠道。这为农村干部谋取私利提供了便利条件。合谋型农村社会治理的另一个特点是民主化程度较低。由于农村社会组织和居民的社会参与不足，民主治理和公民监督的机制无法有效发挥作用。这种缺乏参与和监督的治理环境为农村干部的不正当行为提供了土壤。

四、无序型农村社会治理及其特征

无序型农村社会治理是在农村社会中特定环境下形成的一种治理模式，其主要特点是农村干部在既无法获得社会性收益，又无法获得正当或非正当经济收益的情况下，表现出消极的工作态度和行为，从而导致农村社会公共事务的管理陷入混乱和无效。

这种治理模式中，农村干部对农村经济社会发展缺乏关心和投入，导致日常治理工作只是形式上的执行，缺乏实质性进展。这种现象的背后，是由于农村干部与乡镇政府之间缺乏明显的利益联系，农村干部不再是乡镇政府的利益代理人，因此对乡镇政府的行政任务执行表现出消极态度。这种态度不仅包括对任务的敷衍和拖延，还可能包括对乡镇政府的无视和抵制。乡镇政府在面对这种情况时，由于缺乏有效的资源和手段来激励或改变农村干部的行为，往往只能表示无奈或重复强调其行政指令。这种无力感进一步加剧了农村治理的无效性，导致公共事务处理效率低下，公共事业发展缓慢。

无序型农村社会治理的一个显著特征是农村社会生产价值能力的低下。这种低下的生产价值能力不仅意味着农村社会无法生产出足够的社会性价值或经济性价值来吸引农村精英参与治理，还意味着农村社会在保留有效治理人才方面存在困难。农村社会居民较低的社会参与意愿和能力水平也是无序型农村社会治理的一个关键因素。由于缺乏有效的激励机制和参与渠道，农村居民对公共事务的关注度低，参与度不足，这进一步导致了农村社会公共事务的无序和管理缺失。

第三节 农村社会治理与国家治理的关系

农村社会治理与国家治理体系之间存在着密切、不可分割的关系。作为国家治理最基本的单元，农村治理的现代化是国家治理现代化的重要组成部分，更是其根基。没有有效的农村治理，就无法实现城乡融合发展的现代化目标，进而也无法实现国家治理体系与治理能力的整体现代化。因此，加强和改进农村治理不仅仅是实现农村社会发展的重要任务，也是推进国家治理体系和治理能力现代化的关键环节。

一、农村社会治理是国家治理的重要组成部分

国家治理的核心目标在于维护社会秩序、促进社会和谐，其主要任务包括规范社会行为、协调社会关系、解决社会问题、化解社会矛盾、应对社会风险、控制社会冲突、维护社会治安以及促进社会公平正义。国家治理的重要性日益凸显，主要表现在以下方面：一是有助于保障人民的权益，尊重人民主体性，促进人的全面发展，通过共享发展成果增强人民的主人翁意识和积极性；二是有利于调节各种利益关系，正确引导社会心态，化解社会矛盾和纠纷，维护社会公平正义，促进社会和谐稳定，建设和谐社会；三是促进良好社会秩序的形成和社会环境的营造，实现政治、经济、社会效益的有机统一；四是提高党的执政能力和巩固党的执政地位，通过提升社会治理的人性化、科学化、制度化水平，凝聚社会各方力量，巩固党的执政地位。

农村社会治理实质上涉及乡镇一级的社会治理活动，关注的是农村社会内部的公共事务和问题。在这一治理体系中，农村社会成为主要的治理范畴，而解决农村公共事务则构成了治理内容的核心。治理主体包括乡镇政府、村委会、民间组织以及村民本身，它们共同运用农村公共权力作为治理手段。治理的主要目标是实现村民利益的最大化，而"乡政村治"则是其治理模式的具体体现。从我国的行政结构来看，乡镇构成了国家治理的基本行政管理单元。从社会构成层面来看，农村代表着我国数量最多的社会共同体。而从国家政策、方针、路线的落实角度来看，城市社区与农村是国家治理的末端环节，承担着政策实施的最终职责。这表明国家治理的有效性与否，在很大程度上取决于城市社区与农村的治理是否有效实施。如果缺少了社区、农村这一关键的末端环节，国家治理体系就可能变得空洞无效。

我国作为一个农业大国，具有庞大的农业人口和广泛的地域分布，农村社会治理不仅对农村社会本身的稳定与发展具有深远影响，而且对中国共产党的执政地位、政治民主化建设的成效以及国家治理体系和治理能力的现代

化建设都具有重要意义。在这一背景下，农村社会的稳定和发展不仅关系到农村地区的具体事务，还牵动着整个社会的安定和进步。实际上，农村社会治理的水平的高低在很大程度上决定了国家治理水平的高低。在当前农村社会结构转型的过程中，社会关系的复杂性和利益诉求的多元性给农村社会治理带来了新的挑战。这一现实背景下，农村社会治理的重要性更加凸显。有效的农村社会治理不仅可以促进农村地区的经济发展、社会稳定和文化传承，还可以为国家治理体系提供支撑和补充，推动整个国家治理体系的现代化进程。

农村社会治理在国家治理中占据着举足轻重的地位，是国家治理体系的基础和关键组成部分。加强和改进农村社会治理，不仅是实现农村地区稳定与发展的关键，还是实现全国社会稳定、经济增长和文化繁荣的基础。通过持续加强农村社会治理，可以有效地推动国家治理体系和治理能力的现代化，为实现全面社会进步和持续发展奠定坚实的基础。

二、农村社会的治理水平是进一步衡量国家治理水平的重要标准

"提升国家治理水平就是要通过改革和完善体制机制、法律法规，推动各项制度日益科学完善，实现国家治理的现代化"[1]。农村社会治理作为国家治理体系的基础和重要组成部分，其治理水平在很大程度上成了衡量国家治理水平的重要指标。国家治理的有效实施最终是通过城市社区与农村社会的具体治理实践来实现的。然而，城乡之间在经济社会发展程度上的差异，导致城市与农村的社会治理水平存在明显的差距。农村社会治理水平相对落后于城市社会治理水平，这不仅制约了国家治理水平的整体提升，而且成为国家治理的薄弱环节。

提升国家整体治理水平的关键在于提高农村社会治理水平，核心在于创新农村社会治理。农村社会治理的范围广泛、涉及对象众多，因此提升的可能性和空间也最大。从中国的现实发展情况来看，城市治理手段相较于农村

---

① 郑言，李猛．推进国家治理体系与国家治理能力现代化 [J]．吉林大学社会科学学报，2014，54（2）：5-12．

治理手段更为多元化、民主化，治理理念也更为先进。城市公民的意识、法律意识、权利意识普遍强于农村居民。这导致城市社会治理水平普遍高于农村社会治理水平。因此，农村社会治理水平整体偏低，依然面临着诸多挑战和问题，具有显著的提升空间。

第四节　农村社会治理体系的主要内容

一、城乡一体化的公共服务体系

（一）城乡一体化的基本内容

1. 城乡一体化的理论基础

城乡一体化理论是对中国城市化进程的深刻理解与反思，其历史渊源可以追溯到 1960 年。在其发展早期，城乡一体化理论与城市化观念形成鲜明对比。理论认为，城市化并非社会发展的必然结果，而是资本主义社会的特有规律。它强调城市化可能导致城乡差异的加剧和"城市病"的蔓延，而社会主义社会应致力于通过城乡一体化消除城乡差异，而非加剧城乡对立。

西方国家，城市化水平已发展至较高程度，人们普遍追求更高的生活质量，城市"郊区化"和"逆城市化"现象的出现，以及社会对"城市病"的反思和治理，为城乡一体化理论的形成提供了理论基础。在中国，这一理论影响了城市化的正常推进，并对城市化道路的选择产生了深远影响。

改革开放后，随着对城市化认识的深化，城乡一体化理论有了新的发展。近年来，该理论再次成为热点，主要围绕城乡一体化作为过程还是结果两大方面进行探讨。一些观点认为城乡一体化是一个动态的过程，通过城乡之间资源和生产要素的自由流动来实现优势互补，促进城乡经济、社会、文化的持续发展，涉及职能和空间的一体化。另一些观点则认为城乡一体化是社会发展的必然趋势，城市和农村作为相互作用的统一体，通过优化生产要素配置，促进经济繁荣、生态协调和空间融合。也有观点将这两种认识综合起来，认为城乡一体化既是一个地域社会经济过程，又是城乡关系发展的最终目标。还有观点认为城乡构成一个统一整体，其中的生产要素可以相互流动，经济和文化可以相互渗透融合，资源得到高效利用，包括经济、政治、人口、文化和生态等多个方面的一体化。

2. 城乡一体化的基本内涵

城乡一体化作为中国特色社会主义发展过程中的关键理念，其基本内涵在于推动城乡经济发展的同时，着力缩小城乡差距，并致力于提升城乡居民的生活水平。这一理念强调以加速城镇化为核心，通过建立统一的城乡基础设施和公共服务体系，促进城乡之间资源和生产要素的自由流动与优化配置。在这一框架下，城乡相互协作，优势互补，形成了互为市场、互相服务的动态关系。城市以其发展带动农村，同时农村以其独特资源和特色促进城市的发展，实现城乡经济、社会、文化和生态的日益融合和持续优化。

城乡一体化的过程不仅仅是经济层面的融合，更涉及社会和文化层面的深度整合。这一过程旨在促使城乡居民的生产方式和生活方式发生根本性变化，从而实现更加均衡和协调的发展。城乡一体化的实质在于破除长期以来形成的城乡分割和对立，加强城乡之间的联系，推动城乡在政策、资源、服务等方面的平等与融合发展。这一过程的目的是实现城乡经济、社会、环境的和谐发展，使农村和城市共享现代文明的成果[①]。

城乡一体化不仅是一种经济发展战略，更是一种全面的社会发展策略。它强调的是在城乡之间建立一种平等、互利、共赢的新型关系，通过综合施策，促进城乡在多方面接轨和融合。这种融合不仅有助于优化资源配置，提高经济效率，而且促进社会公平正义，提高全体居民的福祉。最终，城乡一体化的目标是实现城乡居民共享现代文明的成果，形成一个和谐、均衡、可持续发展的社会。

---

① 苏春江.财政管理创新促进城乡一体化研究 [M].北京：中国科学技术大学出版社，2014：38.

（二）构建城乡一体化公共服务体系

实现现代化一直是人类文明发展和进步的重要标志，也是近代以来世界各国努力追求的目标。2015 年，党的十八届五中全会通过的《中共中央关于制定国民经济和社会发展第十三个五年规划的建议》中强调："必须坚持以人民为中心的发展思想，把增进人民福祉、促进人的全面发展作为发展的出发点和落脚点，发展人民民主、维护社会公平正义，保障人民平等参与、平等发展权利，充分调动人民积极性、主动性和创造性。"[①] 习近平总书记在十九大报告中强调"人民生活不断改善。深入贯彻以人民为中心的发展思想，一大批惠民举措落地实施，人民获得感显著增强"[②]。2022 年习近平总书记在党的二十大报告中提出"未来五年是全面建设社会主义现代化国家开局起步的关键时期"，强调了农村在国家现代化进程中的重要地位。报告明确指出，"全面建设社会主义现代化国家最艰巨最繁重的任务仍然在农村"[③]。这一论断为解决城乡发展不平衡和农村发展不充分的问题提供了方向。坚持农业农村优先发展，坚持城乡融合发展，畅通城乡要素流动是实现国家现代化的关键。这一框架中的城乡一体化理念成为推动社会主义现代化国家建设的核心策略之一。城乡一体化不仅关注经济层面的发展，还包括社会、文化和生态等方面的融合，旨在缩小城乡差距，提高农村地区的发展水平，实现城市和农村的互利共赢。

农业农村的现代化是国家现代化不可或缺的组成部分。没有农村的全面现代化，国家现代化的目标就无法实现。在新时代的征程中，高质量推动城乡融合发展，激发发展的内生动力，是实现国家全面现代化的必由之路。这意味着必须在保障农业发展、提升农村生活水平的同时，加强城市与农村的联系，优化资源配置，促进城市和农村的相互发展和共同繁荣。城乡一体化

---

① 中共中央关于制定国民经济和社会发展第十三个五年规划的建议 [EB/OL].（2015–11–03）[2023–11–12].http：www.gov.cn / xinwen / 2015-11 / 03 / content_50040P3.htm.

② 习近平.高举中国特色社会主义伟大旗帜　为全面建设社会主义现代化国家而团结奋斗：在中国共产党第二十次全国代表大会上的报告 [N].人民日报，2022–10–16（1）.

③ 习近平.高举中国特色社会主义伟大旗帜　为全面建设社会主义现代化国家而团结奋斗：在中国共产党第二十次全国代表大会上的报告 [N].人民日报，2022–10–16（1）.

的公共服务体系需要符合和体现以下四个方面的需求，如图 1-1 所示。

城乡基本公共服务规划一体化

城乡基本公共服务制度一体化

城乡基本公共服务支持一体化

城乡居民基本利益保障一体化

图 1-1　构建城乡一体化公共服务体系的基本要求

其一，城乡基本公共服务规划一体化[①]。在传统的城乡发展规划体系中，公共服务规划往往以城市为中心，导致农村公共服务在整体发展规划中被边缘化，缺乏统一规划和长远的发展引导。这种规划体系的偏向性不利于实现城乡均衡发展，进而影响了国家社会整体的和谐发展。为了破除这种偏向性，实现城乡一体化以及城乡基本公共服务均等化的目标，必须在公共服务规划中深入打破城乡界限，实施统筹的空间布局和发展策略。城乡基本公共服务规划一体化意味着需要在制定和实施各类公共服务规划时，不再将城市视为唯一的焦点，而是将城乡作为一个整体来考虑。这要求制定统一的基本公共服务设施配置和建设标准，确保城市和农村在接受公共服务方面享有同等的条件和机会。通过这种一体化的规划，可以更有效地分配和利用资源，促进城乡公共服务的均衡发展。城乡基本公共服务规划一体化还需要综合考虑城乡居民的需求差异和特性，制定具有针对性的策略和措施。这不仅包括基础设施建设，如教育、医疗、交通等，还包括提高公共服务的质量和效率，确保服务的可持续性和适应性。

其二，城乡基本公共服务制度一体化。由于长期以来农村公共服务体系的发展相对滞后，城市与农村在各项公共服务制度上存在显著差异，制度间缺乏有效的衔接性和一致性。这种差异和脱节不利于实现公共服务的均等化和城乡一体化发展。以基本医疗保险制度为例，我国目前的基本医疗保险

---

① 杨述明，马德富. 中国乡村社会治理 [M]. 武汉：湖北人民出版社，2016：62.

制度包括新型农村合作医疗（新农合）、城镇职工医疗保险和城乡居民医疗保险等多个子系统。这些子系统在保障水平、覆盖范围和政策设计上存在较大的差异，造成了城乡居民在医疗保障方面的不平等。为解决这一问题，制度统一成为关键策略。实施基本公共服务制度一体化的目标应是将农村居民纳入城镇基本公共服务保障范围，实现城乡居民在基本公共服务方面的同等待遇。对于暂时无法完全实现制度统一的领域，应当努力缩小城乡之间的差距，并为未来的完全对接预留必要的空间和接口。

其三，城乡基本公共服务支持一体化。在我国的发展历程中，公共财政支出长期偏向城市地区，导致农村经济和社会发展缺乏足够的公共财政支持。这种失衡的财政分配不利于城乡公共服务均等化的实现。为了促进城乡基本公共服务的均等化发展，政府需要调整和优化公共财政支出结构，确保农村地区能够获得更多的公共资源和财政支持。政府应加大对农村基本公共服务项目的预算内支出，将更多的公共资源和财政投入倾斜至农村地区。这包括但不限于基础设施建设、教育、医疗卫生、社会保障等领域，确保农村居民能够享受到与城市居民同等水平的公共服务。鼓励城市优质公共服务资源向农村延伸，促进城乡公共服务资源的共享，加强城乡间的服务互动和资源共享，从而有效推动城乡基本公共服务均等化的实现。通过城乡基本公共服务支持的一体化，可以逐步缩小城乡在公共服务领域的差距，促进社会整体的和谐发展。这种政策调整对于平衡城乡发展、推进社会主义现代化国家建设具有重要意义。

其四，城乡居民基本利益保障一体化。中国城市化和产业化进程的非均衡性导致了大量农民工群体的形成，这一群体在国家经济社会发展中发挥了至关重要的作用。然而，由于现行的城乡分治户籍管理体系，这些农民工往往无法享受与户籍人口相同的基本公共服务。在教育、基本医疗、就业服务等方面，面临着诸多障碍，这阻碍了他们真正融入城市生活。在城乡一体化的公共服务体系下，应充分保障农民工等流动人口的基本利益。这意味着需要改革现有的户籍管理体系，消除城乡之间在基本公共服务方面的差异，确保所有符合条件的流动人口，无论是来自农村还是其他城市，都能与本地居民平等地享受基本公共服务。这种改革不仅有助于提高农民工的生活质量和工作效率，还能促进社会的公平正义和和谐发展。

二、满足农村基本需求的公共物品供给体系

（一）公共物品供给的性质

公共物品在经济学中是一个核心概念，其基本性质可以通过两个主要特征来界定：非排他性和非竞争性。

1. 非排他性

公共物品的非排他性指的是，一旦提供了公共物品，就无法排除任何个体从中受益，即无法阻止非支付者获得利益。

2. 非竞争性

公共物品的另一个特征是其消费具有非竞争性。这意味着当一个个体使用公共物品时，不会减少其他个体使用该物品的机会。例如，环境质量的提升是一种公共物品，一个人享受了更好的环境质量，并不会减少其他人享受同样环境质量的机会。

（二）公共物品的供给

公共物品的供给在经济学和社会政策领域中扮演着极其重要的角色。由于公共物品具有非排他性和非竞争性的特征，它们通常不能有效地通过市场机制由企业或个人提供。因此，政府的介入在公共物品的提供中变得必不可少。政府提供公共物品时，必须在效率和公平之间寻找适当的平衡点，旨在最大化社会福利，同时确保资源的合理分配和公平利用。公共物品作为社会公共利益的重要载体，在提高社会福利、促进经济发展和维护社会稳定方面发挥着至关重要的作用。一个完善的公共物品供给体系不仅能够满足社会成员对公共物品多样化的需求，保障全体社会成员的基本权利和福利水平，还

能够提高经济运行的效率，促进国民经济的健康和持续发展[①]。

尽管经济社会快速发展，各项改革不断深化，公共物品的供给仍面临着一定的挑战。特别是在教育、公共卫生、社会保障等基本公共服务领域，存在着供给不足或不均衡的问题。这些问题的存在反映出公共物品供给体系尚未能完全满足人民日益增长的公共需求。因此，持续优化和强化公共物品供给体系，特别是在基本公共服务方面的投入和管理，成为促进社会整体进步和提高民众生活水平的关键。

（三）我国农村公共物品供给制度的历史演变

从农村治理与农村公共物品供给制度的内在关系角度来看，我国农村公共物品供给制度的演进划分为三个历史时期：传统农业社会的公共物品供给制度、人民公社时期的公共物品供给制度和家庭联产承包责任制下的公共物品供给制度[②]。

1. 传统农业社会的公共物品供给制度

在传统中国农业社会中，乡绅治理模式主导了农村社会的治理体系。这一模式是皇权与绅权、国家权力与农村社会自治权力相结合的体现。在此模式下，族长、乡绅、地方名流成为农村治理的权威和主要治理主体。这些治理主体与农村社会（即治理客体）之间存在内在的利益一致性，农村公共物品的供给和组织主要由这些农村治理主体来承担。

传统中国农业社会作为一种自给自足的自然经济形态，其生产和消费均处于较低的阶段。在这种经济形态下，生产主要是为了满足家庭内部的消费需求，社会关联总体上处于较低水平。由此导致的是，对公共物品的需求水平和数量也相对较低。传统农业社会的公共物品供给制度在一定程度上满足了农村社会自身维持的基本需求。然而，这种公共物品供给制度主要局限于较小范围的农村社会内部，并无力应对需要跨区域协调和大规模投入的公共

---

① 梁学平.中国公共物品的供给研究 [M].天津：南开大学出版社，2014：1.

② 张兵，楚永生.农村公共物品供给制度探析 [J].江海学刊，2006（5）：95~100.

物品或公共设施的提供，例如跨区域的大河水利治理项目。

传统农业社会的公共物品供给制度虽在一定程度上适应了其经济形态和社会结构的特点，但在规模和效率上存在明显的局限性。这种供给模式难以满足更为复杂和广泛的公共需求，尤其在现代化和城市化进程中，这种制度的局限性更加凸显，无法满足人民日益增长的公共物品和服务需求。

2. 人民公社时期的公共物品供给制度

中华人民共和国成立之初，对传统农村社会进行了重新组织，形成了以人民公社为核心的政治、经济和社会高度集中的国家主导型集权治理模式。在这一模式下，人民公社成了农村社会的唯一合法治理主体，承担着农村公共物品供给的重要职责。人民公社时期的农村公共物品供给，主要源自人民公社自身的制度外供给。在这种模式下，公共物品供给的组织主体与受益主体是统一的，人民公社利用其治理权威，在分配制度框架中对公共物品供给所需的物资和经费进行扣除，以保证农村公共物品供给的经济来源。

在集权式农村治理模式的背景下，即便在缺乏农业现代化的基本条件下，人民公社时期的农村社会还是实现了一系列传统农业社会中难以完成的公共事业，提升了农村社会公共物品的供给水平。然而，人民公社体制下的农村治理模式作为特定社会环境下的政治推动产物，本身受限于高度集权、政社合一的计划经济体制所固有的各种弊端。这种模式下的农业和农村社会的正常生产生活受到了干扰，社会生产力遭受破坏，难以为农村社会的长远可持续发展奠定基础。

3. 家庭联产承包责任制下的公共物品供给制度

家庭联产承包责任制的实施标志着中国农业社会的重要转变，农户从生产者转变为生产经营者，显著提升了农民的生产积极性，推动了农村经济和社会生产力的发展。伴随这一转变，农村治理结构也发生了适应性变化，从政社合一的模式转变为"乡人民政府—村民委员会—村民小组"的治理模式。在这种新的治理框架下，农村治理主体不再局限于国家基层政府，而是涵盖了村民自治组织、农村经济合作组织和农民个体等多元主体。

家庭联产承包责任制下，农村基层政府从农村集体经济中撤出，转变为纯粹的行政组织。乡镇政府在这一过程中承担着"双重"委托代理的角色，既作为国家权力的代理人，又作为农民的代理人。这种转变导致了农村公共物品供给主体与受益主体利益的分离，产生了一系列问题。

尽管在家庭联产承包责任制下，农村治理的主体、客体和模式相比人民公社时期发生了显著的变化，农村公共物品的供给制度却并未发生根本性的变革，仍然是原有制度的延续。这种供给制度未能适应农村治理模式变革的需求，导致了农村公共物品供需的严重失衡、地方政府债务危机和城乡差距的进一步扩大。农村公共物品的供给缺乏效率和有效性，未能充分满足农村社会的发展需求。在家庭联产承包责任制下，农村公共物品供给制度的不足显而易见。为了更好地适应农村治理模式的变革，需要对农村公共物品的供给制度进行深入的改革和创新，以确保其能够更有效地满足农村社会的需求，促进农村经济和社会的健康发展。

（四）构建满足农村基本需求的公共物品供给体系

在构建满足农村基本需求的公共物品供给体系中，多元协作机制的引入具有重要意义。这一体系旨在解决农村公共物品供给中存在的问题，如供给总量不足、结构失衡以及程序混乱等，同时满足农村日益增长和多样化的公共物品需求。

政府作为公共物品供给的主要主体，承担着保障农村基本公共服务的责任。政府提供公共物品的行为源于公共物品的非竞争性和非排他性特征，以及政府合法性的基本需求。然而，政府"自上而下"的供给模式往往存在垄断性和封闭性，这限制了公共物品供给的效率和质量。引入私人组织参与公共物品供给可以通过竞争和专业特点提高供给效率。私人组织参与农村公共物品的供给，有助于创新供给模式，提高资源配置的效率。

非政府组织（NGO）通过自愿精神和专业能力弥补政府和市场的不足，特别是在满足特定群体和个体需求方面发挥着重要作用。NGO在农村公共物品供给中的参与不仅提升了其合法性和公信力，还促进了组织内部治理机制的完善。个人作为公共物品的消费者，也应当参与到公共物品的供给中。通过税收、保险等方式，个人可以间接参与公共物品的供给，共同承担社会责任。

三、兼顾公平原则的社会保障制度体系

（一）社会保障制度的内容和功能

社会保障制度是国家和社会依据一定的法律和规定，对社会成员的基本生活权利予以保护、照顾或救助的一种社会安全制度[①]。社会保障制度的内容包括社会保险、社会福利、社会救济、社会优抚等[②]，其具体内容如图1-2所示。

图1-2　社会保障制度的内容

1. 社会保险

社会保险作为社会保障体系的核心组成部分，是一种由国家立法规定的制度，旨在帮助社会成员在面临工伤、失业、疾病、年老和生育等风险时，防止其收入中断或减少，从而保障其基本生活权利。此制度通常涉及养老保险、医疗保险、失业保险、工伤保险和生育保险等多个方面。其主要特点包括强制性、普遍性、互济性和非营利性，涉及社会成员、企业单位和政府的多方筹资。

2. 社会福利

社会福利是指国家为了改善人民生活、提高公民收入而建立的各种福

① 安增军，林金忠. 经济政策论纲 [M]. 福州：福建人民出版社，1998：168.
② 肖文海，彭新万. 中国社会主义市场经济理论 [M]. 北京：经济管理出版社，2011：147.

利设施和补贴。这些福利设施和补贴主要包括公共医疗、环保设施、公共住房、财政补贴、集体福利和社区福利等，旨在为广大公民提供更好的生活条件和社会保障。

3. 社会救济

社会救济是国家和社会对遭遇自然灾害者、遭遇不幸事故者和社会贫困者提供的物质帮助。它涵盖自然灾害救济、孤寡病残救济以及对贫困地区和贫困户的救助，目的是在紧急情况下为弱势群体提供必要的支持和保障。

4. 社会优抚

社会保障制度的功能体现在多个方面，包括提供保障、实现社会稳定、进行收入再分配和经济调节。这些功能共同构成了社会保障制度的核心作用和目标。保障功能主要涉及保护在市场竞争中处于不利地位的劳动者，确保他们依据法定条件和标准获得基本物质资料以维持基本生活水平，这对于劳动力的生产和再生产至关重要。社会保障制度通过提供必要的物质支持，保障了劳动者的基本生活需求和劳动能力的维持。稳定功能则是指在市场经济体制下，通过政府的法定干预，对社会成员的收入进行再分配和调节，旨在缩小收入和生活水平上的差距。这一功能有助于弥补市场机制的不足，保障社会公平和谐。分配功能突出表现在社会保障制度对初次分配中不平等的纠正，促进国民收入的再分配。这一功能确保了社会财富分配得更加合理和公平，有助于缩小社会阶层间的财富差异。经济调节功能则体现在社会保障制度在调节投融资、平衡社会供求关系方面的作用。完善的社会保障制度能有效地平衡经济发展中的各种矛盾，促进经济的稳定增长。

（二）构建城乡一体化的社会保障制度体系

社会保障制度一体化旨在构建一个覆盖不同地区、行业，并涵盖所有社会成员的统一社会保障制度体系。该体系是在原有分立的多个社会保障制度之间建立制度化的连接，以实现一个整合和统一的社会保障体系。社会保障制度一体化涉及保障对象、项目、管理体系、保障标准及经费来源等多个方面，要求在这些方面实现高度的整合性和一致性。

社会保障制度一体化对于提升整体社会保障制度的效益和效率具有重要意义。它不仅能够促进社会成员在社会保障待遇方面的平等性，也有利于增强社会保障制度的计划性、稳定性和平衡性。一体化的社会保障制度还有助于加强社会保障与经济一体化之间的协调，从而为社会成员提供更全面、更稳定的保障。社会保障制度一体化对社会保障自身的建设和发展，以及对整个社会的经济、政治和社会发展都具有积极的意义[①]。

1. 制度整合与优化

构建城乡一体化的社会保障制度体系的核心在于通过制度整合与优化，确立合理的路径以实现城乡之间的无缝对接。这意味着需要在社会救助、医疗保险、养老保险和社会福利等方面消除现有的城乡差别，以保证城乡居民平等享受社会保障制度带来的福利。

在社会救助领域，加速制定有关社会救助与最低生活保障方面的法律法规，确保城乡居民在申请救助，获取医疗、教育、住房和急难救助等方面享有平等的权利，是实现社会保障制度一体化的重要步骤。这不仅涉及新政策的制定，还包括现行制度中弊端的整治和缺陷的矫正。医疗保险方面，整合城镇居民基本医疗保险与新型农村合作医疗保险，建立统一的城乡基本医疗保险体系，并进一步与职工基本医疗保险制度整合，是构建全民覆盖的统一医疗保险制度的关键。在养老保险领域，分类分层次推进城镇（无业）居民养老保险与新型农村养老保险的整合，同时考虑到城乡居民在生活风险和置业方面的差异，特别关注农民工和失地农民的养老保险问题，对于构建城乡一体化的社会保障制度至关重要。社会福利方面，需要打破城乡二元分割，如在老年福利、残疾人福利、儿童福利及妇女福利等方面实现统一规范，促进公共资源与服务设施的统筹使用。

2. 推进政府机构改革进而实现社会保障集中管理

为构建城乡一体化的社会保障制度体系，深化政府机构改革并实现社会

---

① 关信平. 论我国社会保障制度一体化建设的意义及相关政策 [J]. 东岳论丛，2011（5）：5–12.

保障事务的集中管理显得尤为关键。当前中国社会保障事业在管理上存在一些问题，导致公共资源配置效率不高。为此，建立起一个符合制度规则的管理体制，将所有社会保障事务集中到一个政府部门进行统一管理是必要的。在权责集中的条件下，进行统筹规划和顶层设计，并严格推行问责制，对于提高管理效率、确保政策连贯性和有效实施至关重要。然而，在目前中国的管理体制下，这些尚未完全理顺，因而建立大型的社会保障部门尚不可行。应该采取分步走的策略，即将社会保险事务交由人力资源和社会保障部统一管理，而将社会救助事务和社会福利事务交由民政部统一管理。这种分步实施的策略有助于在当前体制下逐步推进社会保障事务的集中管理，同时为未来可能的更大范围的改革奠定基础。

这种政府机构改革，可以有效地解决当前社会保障管理中的问题，提升政府在社会保障领域的管理效能，确保社会保障政策的有效实施，从而为构建城乡一体化的社会保障制度体系做出重要贡献。这种改革不仅能够促进公共资源的合理配置，还有助于实现社会保障政策的公平和效率，满足广大人民群众对于更高质量社会保障服务的需求。

3. 财政资源配置调整与城乡一体化社会保障体系建立

为构建城乡一体化的社会保障制度体系，调整财政资源配置方式至关重要。这有助于确保城乡在社会保障财政资源上的均衡分配，以及优化财政资金的管理和使用。城乡之间的财政资源应该均衡配置，保障农村居民在养老、医疗、救助、福利和教育等方面能平等地分享国家财政补贴。这有助于减小城乡在社会保障方面的差距，促进社会整体的公平与和谐。对于同一保障项目的财政资金应由单一责任部门负责分配，避免多部门分散使用造成的重复支出，从而提高财政资源使用的效率和效果。同一保障项目的财政资金应作为统一预算科目，取消按城乡分设预算科目的惯例。这一措施将确保主管部门能够在城乡之间更有效地统筹使用财政资源，实现资源的最大化利用。

需要改变仅随机构拨款的财政资金分配方式，推行费随事转、费随人走的原则，这意味着财政资金的分配将更加灵活和更具适应性，能够更好地响应市场和社会需求，激发社会和市场资源共同提供社会福利服务的活力。这种财政资源配置方式的调整，对于促进社会保障制度的有效运作和城乡一体化社会保障体系的构建具有重要意义，有利于实现社会保障资源的合理分配，确保所有社会成员都能获得适当的社会保障服务，从而推动社会的整体进步和稳定。

4. 推进相关配套改革

城乡社会保障一体化的实现不仅仅依赖于直接的制度设计和政策调整，还需要伴随着一系列相关配套改革的深入推进。这些配套改革包括社保和养老金管理制度改革、公立医院改革与医疗服务创新、养老机构改革、户籍制度改革、农村土地制度改革、公共财政体制改革等。社保和养老金管理制度的改革旨在实现更加公平高效的资金分配和使用，提高养老金的保值增值能力，确保养老保险制度的可持续性。公立医院改革和医疗服务创新则关注提高医疗服务的质量和效率，确保广大公民能够享受到更加优质的医疗服务。养老机构改革则是为了应对日益严峻的老龄化问题，提供多元化、高质量的养老服务。户籍制度改革和农村土地制度改革是为了消除城乡差异，实现城乡居民在社会保障领域的平等权利。公共财政体制改革则旨在优化财政资源配置，保障社会保障制度实施的可持续性。这些配套改革是构建城乡一体化社会保障体系的必要条件，能够为社会保障制度的顺利实施提供坚实的基础，推动社会保障制度更加有效地适应社会经济发展的新要求，促进社会的和谐稳定。

四、维护社会稳定与公共安全的体系

（一）公共安全的内容

公共安全是现代社会管理和公共服务的核心职能之一，涉及保护社会共同体中每位成员的正常生产、生活和生存活动，免受自然或人为的损害，并维持良好秩序的状态。在广义上，公共安全不仅仅包括个人的生命、健康、财产安全，也涵盖生产活动的各个方面。这种安全概念的核心在于确保社会成员的整体福祉，并预防或减少由于各种外部威胁导致的损害。公共安全的现代意义在于其不可预测性、复杂性和扩散性，这是因为现代社会中潜在的安全威胁种类繁多，影响范围广泛，且往往具有高度的不确定性。这些威胁可以源自自然灾害、人为事故、社会治安问题，也可能是由于生产安全、环境污染等多种因素。因此，公共安全问题需要全面考量，包括但不限于人的生命安全、财产安全、社会秩序的维护以及生产活动的安全等。

政府及其他公共安全主体在维护公共安全方面承担着根本性责任。这意味着必须将公共安全纳入政府社会管理和公共服务的职能范围内，通过制定和执行相关政策、法规来保障公共安全。现代社会的公共安全管理还需要依赖于先进的技术、有效的信息传递以及广泛的社会参与，以实现对多种安全威胁的有效预防和应对。一般而言，公共安全问题主要有四方面内容：

（1）自然灾害：这类灾害通常包括水旱灾害、气象灾害（如台风、暴雨）、地震灾害、地质灾害（如山体滑坡、泥石流）、海洋灾害、生物灾害（如虫害）以及森林草原火灾等。

（2）事故灾难：这一类别涵盖了工矿商贸等企业发生的各类安全事故、交通运输事故（包括道路、铁路、航空和水上交通事故）、公共设施和设备事故（如桥梁垮塌、电力设施故障），以及环境污染和生态破坏事件等。

（3）公共卫生事件：包括传染病的流行、群体性不明原因疾病的暴发、食品安全问题、职业危害、动物疫情以及其他严重威胁公众健康和生命安全的事件。

（4）社会安全事件：主要涉及恐怖袭击、经济安全相关事件（如金融危机、大规模经济欺诈）以及涉外突发事件（如国际争端、外交危机）等，如表 1-1 所示。

表 1-1　公共安全问题

灾害／事件／类别	具体描述	示例
自然灾害	水旱灾害、气象灾害（如台风、暴雨）、地震灾害、地质灾害（如山体滑坡、泥石流）、海洋灾害、生物灾害（如虫害）以及森林草原火灾等	台风、地震
事故灾难	工矿商贸等企业发生的各类安全事故、交通运输事故（包括道路、铁路、航空和水上交通事故）、公共设施和设备事故（如桥梁垮塌、电力设施故障）、环境污染和生态破坏事件等	交通事故、工业事故
公共卫生事件	传染病的流行、群体性不明原因疾病的暴发、食品安全问题、职业危害、动物疫情以及其他严重威胁公众健康和生命安全的事件	流行病、食品安全
社会安全事件	恐怖袭击、经济安全相关事件（如金融危机、大规模经济欺诈）以及涉外突发事件（如国际争端、外交危机）等	恐怖袭击、金融危机

（二）构建维护社会稳定与公共安全的体系

1. 建立城乡一体化公共安全行政管理体系

理顺城市、社区、农村之间的管理体制，完善城市的公共安全行政网格化管理，并将其有效延伸至农村地区，这样可以保证公共安全管理覆盖到每一个角落，无论是城市还是农村。明确地方政府在公共安全管理中的责任至关重要。地方政府应坚持统一领导、综合协调和分类管理的原则，积极参与并引导多元协作，确保公共安全管理的有效性和协调性。地方政府应将社会组织纳入安全管理体系，明确它们在公共安全管理中的作用、地位和责任，并规范它们与政府的关系，保障社会化运作过程中的法律依据和制度保障。构建社会组织之间的联动机制也非常重要。这可以增强不同社会组织之间的沟通和协作，提高公共安全事件应对的效率和效果。同时，加强综合性应急救援队伍的建设，对于提升应对突发公共安全事件的能力至关重要。这包括提供必要的训练、设备和资源，确保应急救援队伍能够在需要时迅速有效地行动。

2. 构建城乡一体化安全生产监督体系

安全生产监督体系的构建首要任务是完善食品药品安全管理机制，包括明确食品药品安全标准、建立质量追溯制度、健全应急体系，并加大对违法行为的打击力度。这需要结合风险监测评估预警与监管执法，以保障食品药品的安全性和有效性。其次，企业安全生产监管也需加强，通过建立和完善预防机制、明确企业安全生产的责任目标和加强监管监察能力建设，以提高企业的安全生产水平。政府必须进一步完善安全生产的法律法规，健全监管机制和问责制，加强安全生产执法力度。这包括建立和完善镇、村、企业的安全生产监督网络，特别是加强对农村安全生产的监管工作，确保安全生产的规范和有效性能够在城乡各个层面得到实施。

3. 构建城乡一体化公共安全法律体系

完善立法体系是基础，这包括确保公共安全教育有明确的法律依据，为公共安全教育提供法律支持和保障。要加快有关公共安全方面的法律的制定工作，这是为了明确各级政府在公共安全事件发生时的紧急处置权限，确保公共安全事件得到有效和及时的应对。适时制定出台有关公共安全紧急状态方面的法律也是必要的，它将为处理极端或紧急情况下的公共安全事件提供法律支持。法律层面上也需要建立和完善处理公共安全事件的组织机制，这涉及构建相应的法律制度和程序，以便于协调和指导公共安全事件的处理。健全和完善法律援助制度是为了确保在公共安全事件中，特别是在涉及个人权益时，相关受影响者能够获得必要的法律支持和帮助。

4. 构建一体化公共安全教育预防体系

首要任务是建立和完善基础及义务教育阶段的公共安全教育体系，确保从小培养公众的安全意识和能力。建立和完善公共安全的社会教育体系至关重要，这意味着在社会各个层面普及公共安全教育，提高公众的安全防范意识。行业为主导的专业安全教育体系的建立，对于提升特定行业的安全水平和专业知识具有重要作用。综合安全知识的普及教育也是必要的，有利于全社会成员掌握基本的安全知识。增加对公共安全教育的资金投入和搭建公众参与公共安全危机治理的信息平台，可以进一步强化公共安全教育的效果。

5. 构建城乡一体化公共安全资源保障体系

城乡一体化的公共安全资源保障体系的构建需要加大对突发公共事件的财政支出，确保有充足的资源用于应对各种公共安全事件。责任保险和巨灾保险的整体规划，以及城乡公共安全一体化保障网络的建立，对于分散和转移公共安全风险具有重要意义。慈善事业的发展、救灾保障机制和备灾物品库的加强建设也是关键，这些措施能够提供更多资源以应对潜在的灾害和紧急情况。逐步实现储备物资的社会化和加强救灾抢险队伍建设，为应对突发公共安全事件提供更加有效的支持。

6. 构建城乡一体化公共安全防控体系

城乡一体化的公共安全防控体系需要加强社会治安防控体系建设，并建立城乡一体化的应急机制。实施公共安全资源向农村等薄弱地区的倾斜策略，确保所有地区都能获得必要的安全保障。城乡公共安全空间布局的一体化优化对于提升整体的安全管理效率至关重要。基于先进技术的综合安全防控网络的打造，可以有效提高防控和应对能力。尽快制定城乡一体化的公共安全管理指南，为各级管理者提供明确的指导和参考，从而有效地提升整个社会的安全防控能力。

7. 构建城乡一体化公共安全突发事件处置应急体系

构建城乡一体化公共安全突发事件处置应急体系的关键在于完善监测预警机制与应急指挥体系，并加强调查评估机制。首先，需要构建一个全面的公共安全突发事件监测网络，覆盖城市到农村的每个角落，包括社区和重点企业，以确保及时发现并预警可能发生的公共安全事件。这一网络应与城乡一体化的应急预案紧密相连，形成一个横向贯穿社区，纵向延伸至农村，辐射到关键企业的预案体系。其次，调查评估机制的健全是保证有效应对安全生产事故、重大灾害影响及提升政府公共安全事件应对能力的关键。这要求对现有评估体系进行完善，确保能够全面准确地评估各种安全风险及其影响。最后，应急指挥体系的完善则要求整合各类行业性、专业性、部门化的指挥机构，理顺职责划分，形成一个统一高效的指挥体系。

五、推动美丽农村的生态体系发展

（一）农村生态环境管理战略定位

我国在农村生态环境管理上需要重新进行战略定位，借鉴发达国家的成功经验，重视农村生态环境的质量评估。这不仅包括对农村生态环境管理的重视，还涉及农业面源污染负荷和农村工业污染状况的科学评估。建立健全的农村生态环境污染监测监控体系，将环境监测结果作为制定农村生态环境管理政策的基础，是确保管理策略可执行性和有效性的关键。这要求政策制定者须深入了解农村地区的具体环境状况，科学评估农业生产和农村工业活动对生态环境的影响，从而制定出更具针对性和实效性的管理策略。

（二）农村经济发展方式的转变

农村经济发展方式的转变对于改善农村生态环境问题至关重要。这涉及从农业生产到农村工业的各个方面。在农业生产中，应基于循环经济和可持续发展理念，从农业生产的各个环节入手，构建生态可持续的农业发展模式。对于农村工业，则须在日益加重的工业污染背景下转变经济发展理念，通过机制和制度创新，实现产业结构的调整升级，优化农村工业布局。这不仅有利于减少环境污染，还能促进农村地区经济的高质量发展。

（三）农村生态环境公共政策体系的构建

多年以来，我国生态环境政策与农业农村政策之间缺乏有效连接，这导致了农业发展和农村生态环境保护的不均衡。为解决这一问题，必须在制定和实施农业农村政策时充分考虑农村生态环境。这要求在不同发展阶段和不同地区灵活运用综合性的农业农村与生态环境政策，形成农业农村发展与环境保护的动态平衡。完善支持农村生态环境保护的各项政策，如财政政策、金融政策、奖励与支持政策等，以确保农村生态环境得到有效保护和改善。

（四）农村生态环境法律体系的完善

通过宪法、法律、规章、制度的形式明确中央政府、地方政府、企业、个人在农村生态环境保护中的权利和义务。强化司法监督管理力度，将美丽农村建设纳入法治的轨道，及时解决已经出现的问题，防止环境和生态的再度恶化。这要求不仅仅是制定法律法规，更重要的是确保这些法律法规得到有效实施，为农村生态环境保护提供坚实的法律基础和保障。

第二章 农村社会治理的历史变迁

第一节 农村社会结构与农村社会治理

农村社会结构主要概括为"一定农村社会中的不同行动主体围绕农业生产和日常生活所结成的相互关系的模式"[①]。农村社会治理关系到社会发展和国家稳定。改革开放以来，我国农村社会结构和管理方式发生巨大变化，随着社会经济发展的加快，我国进入了社会转型时期[②]。习近平总书记在党的二十大报告中指出："全面推进乡村振兴。全面建设社会主义现代化国家，最艰巨最繁重的任务仍然在农村。坚持农业农村优先发展，坚持城乡融合发展，畅通城乡要素流动。加快建设农业强国，扎实推动农村产业、人才、文化、生态、组织振兴。"[③] 农村社会治理是一种在特定农村社会结构之下而进行的治理活动，其本质必然与农村社会结构有紧密联系。

---

① 谭明方.论农村社会结构与乡村体制改革 [J].中南民族大学学报，2005（1）：89-93.

② 卞辉.现代乡规民约与农村基层社会治理创新 [M].北京：中国民主法制出版社，2022：48.

③ 习近平.高举中国特色社会主义伟大旗帜 为全面建设社会主义现代化国家而团结奋斗：在中国共产党第二十次全国代表大会上的报告 [N].人民日报，2022-10-16（1）.

一、治理主体由单一向多元转变

传统农村社会治理主要依赖于政府的单一主导，这种模式在资源配置、政策制定和社会控制方面具有明显的中心化特征。然而，随着社会的发展和多元化需求的增加，这种单一的治理模式逐渐暴露出局限性，如效率低下、资源配置不均等问题。因此，农村社会治理开始由单一主体逐步向多元主体转变，以适应更加复杂的社会需求和治理环境。

在多元治理模式下，除了政府，市场、社区组织、非政府组织、私营企业等多种主体都参与到农村社会治理中。这些多元主体各自扮演不同的角色，共同构成了更加复杂和动态的治理结构。例如，市场在资源分配和产品交易中发挥主导作用，社区组织和非政府组织则在社会服务、文化传承、环境保护等领域发挥重要作用，私营企业则通过投资和创新推动农村经济的发展。

这种治理主体的多元化对农村社会结构产生了深远的影响。首先，多元治理主体的参与增强了农村社会的自我调节能力，使其能更灵活地应对外部环境的变化。其次，多元主体的合作与竞争促使了农村社会结构的优化和功能的分化，从而提高了整体的治理效率和效果。最后，多元治理模式还促进了农村社会的民主化和法治化，增强了农民的参与意识和权益保障。

二、治理过程由命令安排向协商民主转变

在传统的农村社会，国家对农村社会资源的控制呈现出中心化特征。这种模式在农村社会治理中占据主导地位，农村干部负责执行上级的指令，而广大村民则处于被动接受的状态，参与农村公共事务的机会极为有限。然而，随着改革开放的深入推进，特别是土地改革、家庭联产承包责任制的实施以及市场经济体制的逐步确立，农村社会结构经历了深刻的变化。

这些变化首先表现在经济结构的转型上。村民获得了更大的经营自主权，有力地推动了农村经济的多元化和市场化。其次，在政治结构上，民主参与权的逐步确立增强了村民在农村公共事务中的话语权和决策权。这些变化促使了农村社会治理模式的转变，从单一的命令安排模式逐渐演变为更加包容和多元的民主协商模式。在这一转变过程中，农村社会治理的民主化建

设取得了显著进展。农村干部与村民之间的关系更趋于平等，农村公共事务的处理更加注重村民的意见和需求。通过民主协商，农村社会治理能够更好地反映和满足村民的利益和需求，从而提高治理效果和社会满意度。然而，这一过程也伴随着新的挑战和困境，这些问题暴露出农村社会治理与农村社会结构之间还存在一定的差距。

为了更好地适应农村社会结构的新变化，需要进一步完善农村社会治理，构建与新型农村社会结构相适应的治理模式。这包括增强农村治理体系的透明度和公平性，提升村民的法律意识和民主参与能力，以及建立更加高效和灵活的治理机制。

三、治理内容从经济导向向综合发展转变

农村社会治理内容的演变，从经济导向向综合发展转变，是近年来农村发展策略的重要趋势。传统农村社会治理主要集中在经济层面，着重于农业生产、资源分配和市场交易等方面。这种经济导向的治理模式在一定程度上推动了农村经济的发展，但忽视了社会、文化和环境等多方面的综合发展。随着社会的进步和人民生活水平的提高，仅仅依靠经济增长已不能满足农村社区的全面发展需求，农村社会治理的内容逐渐向综合发展转变，开始重视包括文化、教育、健康和环境保护在内的多方面内容。

在文化方面，农村社会治理开始注重农村文化的保护和传承。农村文化是农村社会的重要组成部分，它不仅体现了农村的历史和传统，还是农村社会凝聚力和身份认同的重要来源。通过支持传统节日、农村艺术、民俗活动等，农村社会治理有助于保护和弘扬农村文化，增强村民的归属感和自豪感。农村文化的发展还能吸引旅游和投资，为农村经济发展开辟新的途径。

在教育和健康方面，农村社会治理正在逐步提高其受重视程度。教育是提高农村人口素质、缩小城乡差距的关键手段。提升农村教育水平，不仅能够促进人力资源的开发，还能够提高村民对于现代治理理念的认识和接受程度。同样，农民健康是农村社会的基础，农民健康水平的提升直接关系到农村劳动力的质量和生产力。

在环境保护方面，随着生态文明观念的普及，农村社会治理也开始更多地关注环境保护和可持续发展。农村地区作为重要的自然资源和生态环境的承载地，其环境保护对于整个国家的生态安全具有重要意义。通过实施水土保持、生态农业、绿色能源等项目，不仅可以保护和改善农村环境，还能够促进农村经济的可持续发展。

四、治理手段从简单干预向复杂互动转变

农村社会治理手段从简单的行政干预向复杂的互动模式转变，是近年来农村治理创新的显著特点。这种转变反映了对于农村社会治理复杂性的认识和对于多元利益相关者需求的回应。在传统的治理模式中，行政命令和直接干预是主要的治理手段，政府通过直接的控制和管理来实现治理目标。然而，随着社会的发展和治理环境的变化，这种单一的治理模式逐渐显示出局限性，无法有效应对农村社会的多样化和复杂化问题。因此，治理手段开始向多元化和互动性转变，包括政策引导、激励机制、公共参与和信息共享等多种方式。

在政策引导方面，政府开始通过制定和实施一系列的政策来引导和激励农村社会的发展。这些政策不仅涉及经济发展，还包括社会福利、环境保护、文化传承等多个方面。通过这种方式，政府不再是直接的执行者，而是成为引导者和协调者，通过政策来激发社会各方面的积极性和创造力。例如，通过提供财政补贴、税收优惠等激励措施，可以鼓励农民参与到生态农业、农村旅游等新兴产业中。

公共参与在现代农村社会治理中扮演着越来越重要的角色。与传统的管理模式不同，公共参与强调了民主治理，赋予了农民更多的参与权和话语权。通过村民会议、公众咨询、社区决策等方式，农民能够直接参与到农村治理的各个方面，从而提高治理的透明度和公正性，增强政策的有效性和可接受度。例如，村民可以通过村民代表大会对村级事务进行讨论和决策，从而确保农村政策和项目更加符合本地的实际需求和利益。信息共享则是现代农村社会治理的另一个重要方面。在信息技术迅速发展的今天，信息共享为

农村社会治理提供了新的可能。通过建立信息平台、推广数字化治理等手段，可以提高治理的效率和透明度。农民通过互联网和移动设备就能够及时获取政府政策、市场信息、技术知识等，同时能够通过这些平台表达自己的意见和需求。例如，通过农村电子商务平台，农民能够直接将自己的产品销售到更广阔的市场，而政府也可以通过这些平台进行政策宣传和服务提供。

五、治理效果从单一向多维度评估转变

农村社会治理效果评价从过去单一的经济指标评估向现代的多维度评估转变，体现了对治理全面性和深度的更高要求。在过去的农村社会治理中，经济增长往往被视为衡量治理成功与否的主要标准，如农业产量、农民收入等指标。然而，随着社会发展和人民对美好生活需求的提升，仅仅依靠经济指标已不足以全面反映农村社会治理的实际效果。因此，治理效果的评价开始从经济指标评估转向多维度的评估，包括社会稳定、环境可持续、民众满意度等方面，这种转变有助于更全面地理解和评价农村社会治理的成效。

社会稳定是现代农村社会治理评价的重要维度。一个稳定的社会环境是农村发展的基础，也是提升农民生活质量的前提。社会稳定的评价不仅包括公共安全、社会秩序等传统领域，还包括社会公正、社区凝聚力等更广泛的因素。例如，通过衡量犯罪率、民众对社会公正的感知、社区参与程度等指标，可以更全面地评估治理效果。农村社会的稳定还涉及社会结构的变迁、传统文化的保护等方面，需要从多个角度进行综合评估。

随着生态文明建设的不断推进，环境保护已成为农村社会治理的重要内容。在评价治理效果时，需要考虑治理措施对环境的长远影响，如水土保持、生物多样性保护、污染控制等。通过衡量水质、土壤质量、空气质量等环境指标，以及农民对环境变化的感知和满意度，可以更全面地评估农村社会治理在环境保护方面的成效。

民众满意度直接反映了农民对治理效果的主观评价，是衡量政策接受度和有效性的重要指标。民众满意度的提升不仅意味着治理措施符合民众需求，还反映了政策执行的有效性和公正性。通过调查和分析农民对治理措

施、公共服务、生活质量等方面的满意度，可以更准确地评估治理效果，并为未来的治理提供改进的方向和依据。

第二节 农村社会结构的基本特征与变迁

一、人口社会结构的基本特征和变迁

农村社会结构的基本特征和变迁在人口方面表现得尤为明显。改革开放以来，我国的农村社会结构经历了深刻的变化，尤其是在人口结构上。

改革开放初期，城市经济迅速发展，农村经济相对滞后，农村地区的青壮年劳动力开始向城市地区流动。这种流动初期虽然规模有限，但已经预示了农村人口结构的未来变化。城市经济的吸引力使得部分农村居民选择外出务工，从事非农产业。这种现象在一定程度上减缓了农村地区的人口压力，同时为城市提供了大量的廉价劳动力，促进了城市经济的进一步发展。进入20世纪90年代，随着市场经济的加速发展和城镇化的深入推进，农村人口向城市的流动进一步加剧。这一时期的人口流动呈现出更加明显的规模化和广泛化特征。大量的农村青壮年劳动力迁移到城市，寻求更好的就业机会和生活条件。这种大规模的人口流动改变了农村社会的人口结构，使得留在农村的主要是老年人、妇女和儿童。这种人口结构的变化导致了农村劳动力的不足，影响了农村经济的发展。随着21世纪的到来，这种人口结构的变化愈发明显。一些农村地区出现了显著的人口"两极化"和"空心化"现象。所谓"两极化"，是指大量的中青年人口选择离开农村，导致留在农村的主要是年老的和年幼的居民，这两类人口在劳动力市场上的竞争力较弱。而"空心化"则是指随着大量人口的流出，留在农村的人口数量大幅减少，导致农村地区人烟稀少，社区活力下降。这种人口结构的变化对农村社会的经济发展、文化传承、社会管理等方面产生了深远的影响。

农村青壮年劳动力长达几十年大量从农村流向城市，使得城镇化过半的同期，妇女、老人、儿童成为农村社会常住人口的主体，呈现出女性化和老龄化的趋向[①]。在素质结构上，农村人口受教育水平普遍低下[②]。

二、家庭结构的基本特征和变迁

家庭作为农村社会的基本单元，其结构和功能的变化深刻地影响着农村社会的经济、文化和动态。传统农村家庭结构的特征主要体现在其规模的庞大和功能的多样性上。在传统农业社会中，大家庭或联合家庭是常见的家庭形式，这种家庭通常包括三代或更多代同堂，具有显著的经济和社会功能。在经济层面上，大家庭通过共同耕作和共享资源来保证家庭的经济稳定和效率；在社会和文化层面上，大家庭起到了社会化、文化传承和社会稳定的作用。家庭成员间存在着明确的角色分工和权力结构，通常由家族中的长者担任决策者。随着社会经济的发展，尤其是改革开放以来，农村家庭结构发生了显著变化。这些变化主要体现在家庭规模的缩小和功能的转变上。由于计划生育政策的实施、农村劳动力向城市的流动以及现代化生活方式的影响，传统的大家庭结构逐渐转向核心家庭结构。核心家庭通常包括父母和子女，家庭成员数量减少，家庭关系更为简化。

农村家庭功能的转变也十分明显。随着农村经济结构的调整和农业生产方式的变化，家庭不再是农村经济活动的唯一或主要单元。许多家庭成员选择外出务工或从事非农产业，家庭经济来源更加多元化。家庭在社会化和文化传承方面的作用也发生了变化。随着教育的普及和信息技术的发展，家庭在子女教育和文化传承中的作用受到了学校、媒体等其他社会机构的影响。

三、阶级层次结构特征和变迁

村民的阶层结构分化是由传统农业领域向工业、商业等其他社会活动领

---

① 温铁军，杨帅. 中国农村社会结构变化背景下的农村治理与乡村发展 [J]. 理论探讨，2012（6）：76–80.

② 王瑜，杨翠迎. 当前我国农村人口结构对新农村建设的影响及其对策分析 [J]. 经济研究导刊，2008（3）：36–38.

域的渗透转化过程[①]。农村社会结构中的阶级层次结构特征及其变迁，是理解中国农村社会动态的关键因素。在传统农业社会中，阶级层次结构主要体现在地主、富农、中农、贫农、雇农等不同经济地位和生产能力的群体之间。这种结构在很大程度上受到了土地所有权和农业生产方式的影响，土地作为主要的生产资料，其分配不均是农村社会阶级差异的主要原因。在这种社会结构中，地主和富农因为拥有较多的土地和生产资料，享有较高的社会地位和经济收入；而贫农和雇农由于缺乏土地和生产资料，处于较低的社会经济地位。

随着中国社会的深刻变革，特别是土地改革和集体化运动的实施，传统的农村社会阶级结构发生了根本性的变化。土地改革的推进打破了传统的土地所有制，实现了土地的平等分配，这在很大程度上消除了基于土地所有权的阶级差异。随后，集体化运动的推进进一步加强了土地的集体所有制，农民通过加入农业生产合作社成为土地的共同使用者。这一时期，农村社会的阶级层次结构呈现出相对平坦化的趋势，不同社会经济地位的差距显著缩小。

进入改革开放时期，农村社会阶级层次结构再次经历了重要的变化。随着家庭联产承包责任制的实施和市场经济的发展，农村经济活动变得更加多元化和市场化。农民不仅从事传统的农业生产，还涉足非农产业，如农村旅游、农产品加工等。这些变化为农民提供了更多的经济机会，也导致了新的经济差异和社会分层。一部分农民通过勤劳和创新，在经济上取得了显著的成功，而另一部分农民则由于缺乏资源和机会，经济状况相对落后。

随着教育和信息技术的发展，知识和技术成为影响农村社会阶级层次结构的重要因素。教育和技术水平较高的农民能够更好地把握市场机会，提高自己的经济地位和社会地位。这种基于知识和技术的社会分层，与传统基于土地和资产的分层有所不同，反映了农村社会阶级结构的新特点。

---

① 陈庆玲. 新时期中国农村阶层结构分化的特征分析 [J]. 安徽农学通报，2007（2）：22-23.

第三节　影响农村社会结构变迁的内在因素

"社会结构变迁是一个社会进步的标志。农村社会结构的变迁是中国社会结构变迁主体。"① 农村社会，作为一种历史悠久的村落共同体，构成了一个独特的社会有机体，其特点鲜明地区别于城市社会。这一有机体蕴含着一系列特定的社会结构特征，其形态及功能深受所处时代的政治、经济、社会及文化背景的影响。农村社会的结构并非一成不变，而是随着外部环境的变化而持续演变。在这一变迁过程中，经济因素常常充当主要的驱动力量，其在农村社会结构变迁中的决定性作用不容忽视。经济和政治结构的变化直接影响着社会和文化结构的演进，加之社会文化结构的变迁也以反馈机制作用于经济和政治结构，推动其进一步的变化与调整。因此，我国农村社会结构变迁的基本动力主要源自这些相互作用的多个方面，如表 2-1 所示。

表 2-1　影响农村社会结构变迁的内在因素

因素类别	具体内容	影响
政治因素	政府政策、政治制度、国家发展战略的影响，土地改革、家庭联产承包责任制的实施，以及政治民主化的推进对农村社会结构的影响	改变了农村社会的管理模式和社会组织结构，从直接控制转向服务和管理
经济因素	土地的分配和使用、农村经济结构的转型、市场经济的发展、政府的农村发展策略、财税政策、社会保障制度等对农村社会结构的影响	农业生产方式的变化、农民经济地位的提升、农村经济活动的多样化
社会因素	社会规范、文化传统、教育水平、社会流动性对农村社会结构的影响，传统家族和宗族体系的变化，教育的普及和提高以及社会流动性的增强对社会结构的影响	农村社会结构的多样化和个体化，教育成为社会流动的重要途径

① 苏振芳.中国小农经济的历史演变与农村社会结构的变迁 [J].马克思主义与现实，2004（6）：95-99.

续 表

因素类别	具体内容	影响
人文因素	价值观念、信仰体系、教育背景、文化传承对农村社会结构的影响，传统价值观念和信仰体系的变化，教育的作用以及传统文化的保护和传承对社会结构的影响	影响了农村居民的生活选择和行为模式，促进了社会结构的现代化

一、政治因素

政治因素在农村社会结构的形成和演变中起到了决定性的作用。这些政治因素包括但不限于政府政策、政治制度、国家发展战略等，它们通过影响农村的经济、社会和文化环境，间接或直接地改变了农村社会结构。

政策的制定和实施在很大程度上决定了农村社会的经济发展、资源分配、社会福利等方面。例如，土地改革政策彻底改变了农村的土地所有权和使用权，打破了传统的地主—佃农结构，促进了社会结构的平等化。家庭联产承包责任制的推行则提升了农业生产的效率，增强了农民的经济自主权，进一步影响了农村的社会结构。不同的政治制度会形成不同的社会管理模式和社会组织结构。例如，集体化时期的农村社会结构在很大程度上是由政治制度所决定的，政府通过集体化运动实现了对农村的直接管理和控制。而改革开放后，随着市场经济的引入和政治体制的改革，农村社会结构逐渐呈现多元化趋势，政府角色从直接控制转向服务和管理。

国家的发展战略也是决定农村社会结构变迁的一个重要政治因素。例如，中国政府实施的扶贫政策、乡村振兴战略等，都对农村社会的经济发展和社会结构产生了深远影响。这些政策和战略不仅促进了农村地区的经济发展，改善了基础设施，还提升了农村居民的生活质量和文化水平，进而影响了社会结构的组成和发展方向。

随着全球化的发展，国际政治环境对国内政策制定和实施产生了间接影响。例如，国际贸易政策、环境保护要求等因素，都会通过影响国内政策制定来间接影响农村社会结构。这些国际因素可能会导致农村经济活动的转变，从而影响农村社会结构。

二、经济因素

农村社会结构的变迁不仅是一个复杂的社会现象，还是一个经济现象。在传统农村社会中，土地是最重要的生产资料，它的分配和使用直接影响着社会结构。过去的土地所有权和使用权分布不均是造成社会阶层差异的根本原因。地主和富农控制大量土地，享有较高的经济地位和社会地位，而贫农和雇农则缺乏土地，处于较低的社会地位。土地改革成为改变传统农村社会结构的关键。通过土地改革，原有的土地所有权和使用权被重新分配，这一措施不仅改变了农村的经济结构，也深刻影响了社会结构和社会关系。进入现代化阶段，农村经济结构的转型是影响农村社会结构变迁的重要经济因素。随着工业化和城市化的推进，农业在国民经济中的比重下降，非农产业成为经济增长的新动力。这一转型导致农村劳动力大量流向城市和工业部门，农村社会结构因劳动力的流失而发生变化。传统的以农业为主的社会结构逐渐转向多元化结构，农村居民的经济活动不再局限于农业，而是涉及多种经济形态，如服务业、旅游业和小规模制造业。

市场经济的发展也是影响农村社会结构变迁的关键经济因素。市场经济的引入增加了农村经济活动的多样性和复杂性。在市场经济体制下，农村居民的经济行为更多地受到市场供求、价格机制和竞争的影响。这导致了农村收入分配结构的变化，一些能够适应市场经济的农民成为新的经济利益群体，而那些不能适应市场经济的农民则可能陷入经济困境。政府的农村发展策略、财税政策、社会保障制度等都对农村经济活动产生了重大影响。例如，家庭联产承包责任制的实施大大激发了农民的生产积极性，提高了生产效率，改善了农村的经济状况；而社会保障政策则在一定程度上减轻了农民的经济压力，提高了农民的生活水平。

三、社会因素

社会因素在农村社会结构变迁的过程中不仅影响着个体的行为和选择，还塑造着社会群体的结构和功能。这些因素包括社会规范、文化传统、教育水平、社会流动性等，它们共同作用于农村社会的组织结构和发展动态。

尊老敬贤、重视家族和村落共同体等文化传统深刻影响着农村社会的社会结构和社会关系。例如,传统的家族和宗族体系在农村社会中具有重要地位,它们不仅是社会组织的重要形式,还是社会支持和资源分配的重要渠道。然而,随着社会现代化和全球化的推进,传统的社会规范和文化传统受到挑战,农村社会结构逐渐呈现出多样化和个体化的特点。

教育水平的提高也是农村社会结构变迁的重要社会因素之一。教育不仅能够提升个人的知识水平和技能,还能够改变个人的价值观念和社会地位。随着教育在农村地区的普及,越来越多的农村居民通过接受更好的教育获得了更多的社会机会和经济收入。这一过程中,教育成为社会流动的重要途径,促进了社会结构的变化。受教育程度较高的农村居民往往更容易获得非农职业机会,从而改变了他们的社会地位和生活方式。

随着经济发展和市场化进程的加快,农村居民的社会流动性显著增强,大量农村居民通过外出务工、从事非农产业等方式改变了自己的生活条件和社会地位。这种流动不仅改变了农村的人口结构,还带来了新的社会关系和生活方式。外出务工人员往往会带回新的观念和技能,影响农村社会的传统观念和经济活动。另外,随着社会保障体系的完善,农村居民在医疗保健、养老保障、教育等方面获得了更多的支持。这些变化不仅提高了农村居民的生活质量,还减少了经济原因造成的社会不平等和社会矛盾,促进了社会结构的稳定和和谐发展。

四、人文因素

人文因素主要包括价值观念、信仰体系、教育背景、文化传承等,它们深刻地影响着农村社会结构的形成和演变。人文因素通过塑造个体行为、社会关系和文化特性,间接或直接地引导农村社会结构的发展和变革。

价值观念通常与农业生产、家庭纽带和社区团结紧密相关。随着社会的发展和外部文化的影响,传统的价值观念逐渐发生了变化。现代化和市场经济的引入,特别是年轻一代的农村居民,越来越多地接受了包括个人主义、自我实现等现代价值观念。这种价值观念的转变影响了农村居民的生活选择和行为模式，进而影响着社会结构的形态。信仰体系在农村社会结构变迁中也发挥着重要作用。宗教信仰和传统信仰在很多农村社区中具有深远的影响，它们不仅提供了道德指导和精神支持，还形成了社区成员间共享的文化和社会纽带。然而，随着教育水平的提升和信息技术的普及，农村居民接触到了更多元的信仰体系和世界观，从而导致了传统信仰体系的变化或多元化。这种变化在一定程度上影响了农村社会的传统结构和社会凝聚力。

除此之外，教育不仅能够提升个体的知识和技能，还能够改变个体的世界观和价值观。在过去几十年中，随着教育的普及和教育水平的提高，农村地区的年轻一代开始拥有更多的机会接受高等教育。这一变化提升了农村居民的社会经济地位，改变了他们对于传统生活方式的认知和态度，从而引导了社会结构的变革。农村社会丰富的传统文化和习俗是社会结构的重要组成部分。然而，随着现代化进程的加快，我们面临着保护和传承传统文化的挑战。一方面，传统文化在维系社区凝聚力和传承社会规范方面仍然发挥着重要作用；另一方面，现代生活方式和文化多元化的趋势对传统文化形成了冲击，导致了一些传统习俗和文化形式的逐渐消失。这种文化层面的变迁反映在社会结构的变化上，体现为传统社会结构和现代社会结构的交织。

第四节　结构变迁下农村社会治理的历史演变

农村社会的稳定有序发展是整个社会安定的保障。农村社会治理的治理理念及模式是随着经济、政治、社会以及文化结构变迁而逐步形成的。整体来看，农村社会治理的历史演变主要有以下三个阶段：其一，"县政绅治"阶段；其二，"政社合一"阶段；其三，"乡政村治"阶段[①]。如图2-1所示。

---

① 苏海新，吴家庆.论中国乡村治理模式的历史演进 [J].湖南师范大学社会科学学报，2014，43（6）：35-40.

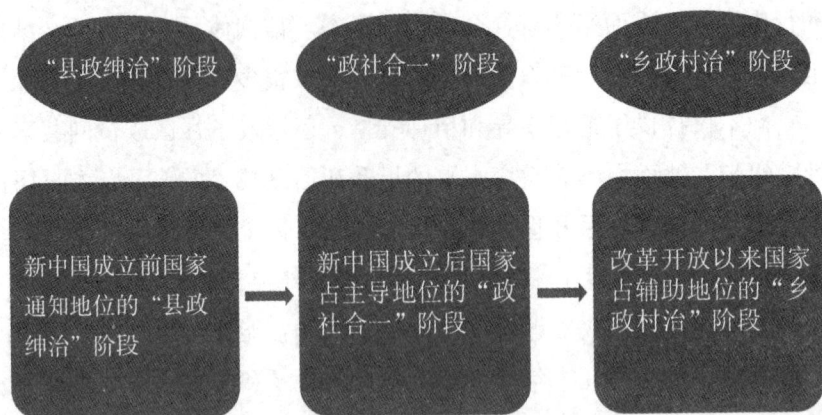

图 2-1　农村社会治理的历史演变过程

一、"县政绅治"阶段

我国农村社会治理模式在中华人民共和国成立前的历史阶段，显著地表现为"县政绅治"体系。这一体系的形成和持续，可以追溯到中国历史上的多个朝代，直至民国时期。其根本特征在于，中央政权与地方绅士共同参与农村社会的治理，形成了一种具有中国特色的社会治理结构。

中央政权在县级政府及以上层级拥有绝对的控制权，而地方绅士则在县级以下，即农村层面发挥着重要的管理作用。这种治理结构的形成，主要是由于古代交通和信息传播的局限，使得中央政权难以直接管控辽阔的农村地区，因此需要依赖地方绅士来填补治理上的空白。地方绅士通常是当地具有影响力的家族或社会成员，他们在农村社会中拥有较高的社会地位和经济力量。作为农村治理的关键人物，地方绅士既代表中央政权的利益，又维护着农村社会的秩序和稳定。他们在处理农村公共事务、调解社会矛盾、推动地方发展等方面发挥着重要作用。

这种治理模式在一定程度上保障了农村社会的和谐与稳定，但也暴露了一些结构性问题。随着社会的发展，特别是在西方列强的影响下，中国传统的治理模式面临着前所未有的挑战。

二、"政社合一"阶段

中华人民共和国成立后，中国的政治、经济、社会、文化结构经历了根本性的转变，这些变化也深刻地影响了农村社会治理体系及其运行机制。为了实现国家的现代化和有效整合农村社会资源，国家采取了一系列渐进的社会变革措施，包括土地改革运动、合作化运动以及人民公社化运动。这些运动的实施标志着国家与农村社会关系的重大转变，由过去的统治与被统治关系转变为主导与被主导的新型关系。在这一过程中，形成了"政社合一"治理模式，这一模式在农村社会中逐渐得到巩固和发展。

在探究"政社合一"治理模式的形成过程中，不可忽视的是全国范围内开展的土地改革运动。土地作为农村社会的核心资源，对农业生产和村民生活具有决定性影响。土地改革运动的核心目的在于明确土地产权关系，这一措施是理顺农村社会治理关系、激发农村社会发展活力、促进村民参与积极性的关键。中华人民共和国成立初期，中国共产党通过实施土地改革，实现了"分田到户"，这一举措不仅确保了广大贫苦村民的基本生存权益，缓解了他们的经济压力，同时为国家农业税收增加了来源，并提升了广大村民对于国家政权的认同和支持。土地改革运动的成功开展，为国家在农村社会治理中的温和介入和主导地位的确立，提供了坚实的社会基础。通过这一系列运动，国家通过正式的行政组织和非正式的村民自治组织共同构建了农村社会治理的新框架，使国家在农村治理中的影响更加明显和深入。

土地改革运动在全国范围内的开展，尤其是对农村社会治理体系和运行机制产生了深远的影响。土地作为农村社会的重要资源和农业生产的基础，其产权关系的明晰对于理顺农村社会治理关系至关重要。中华人民共和国成立初期，土地改革运动的成功实施为国家在农村社会治理中的主导地位奠定了坚实的社会基础。

随着土地改革运动的深入，国家进一步推动了合作化运动和人民公社化运动。合作化运动的目标在于整合分散的个体小农经济，转型为集中的社会主义集体经济，实现农村经济体制的转型。人民公社化运动的广泛开展，则进一步提高了农业生产效率，打破了农村组织的分散状态，满足了工业化和城市化的发展需求，增强了国家对农村资源的调控能力。这些运动的实施标志着我国农村社会治理体系和运行机制的根本性变化，农村经济组织逐渐承担起政权组织和社会组织的功能，成为农村社会治理的主要组织者。

在人民公社化运动的影响下，农村社会的治理结构发生了显著变化。人民公社替代乡镇两级基层组织行使政权，而生产队则承担具体的执行任务。村级党组织体系的建立和完善，扩大了党组织的管辖范围和领域。

三、"乡政村治"阶段

改革开放以来，随着市场经济的快速发展和人民公社制度弊端的日益凸显，我国的农村社会治理模式经历了显著的变革。原有的"政社合一"治理方式，由于不再适应经济和社会发展的新要求，逐渐被新的治理模式所取代。这一转变主要源于国家对农村社会资源需求的降低和家庭联产承包责任制的实施。在这种背景下，探索适应当前农村社会治理环境的"乡政村治"治理模式成为国家的必然选择，以维持农村社会的稳定、和谐与有序。

"乡政村治"治理模式的形成动力可追溯至20世纪80年代的农村经济体制改革和政治民主化的发展，这两大变革促进了农村社会的经济结构与政治结构转型。经济结构的转型主要体现在从集体经济向个体经济的过渡。具体而言，高度集中的人民公社体制曾将村民置于被动地位，抑制了他们的自主性和创造性，导致农业生产效率下降和农村经济发展滞后。为了扭转这一局面，激发农村社会的发展活力，家庭联产承包责任制的推行恢复了村民的主体地位和经营自主权。2003年，随着《国务院关于全面推进农村税费改革试点工作的意见》的发布，农业税收制度被逐步废除，进一步减轻了村民的经济负担，激活了农村经济活力。这些改革使得国家对农村社会治理的方式发生了根本性改变，由过去的资源汲取转变为资源投入，支持农村社会的发展。

政治民主化的发展也为"乡政村治"治理模式的形成提供了必要的政治环境。政治结构的转型体现为国家行政组织的职能转变和村民自治组织的兴起。随着人民公社体制和税收制度的废除，家庭联产承包责任制的确立为国家行政组织退出农村治理舞台提供了条件。村民自治组织的出现，使村民能够更直接地参与农村社会治理，提高了村民对国家政权的认同度和支持度。这种治理模式的转变，不仅促进了农村社会的经济发展，还加强了农村社会的内在凝聚力和自治能力，形成了更加灵活、有效的农村社会治理结构。

在改革开放背景下，我国农村社会治理的政治结构也经历了根本性的转型。这种转型主要体现在对权力高度集中的人民公社制的反思和政治民主化的推进。在人民公社体制下，村民的自由和民主参与权利受到了严重限制。为了促进国家的政治民主化和现代化发展，自十一届三中全会以来，国家开始重视推进民主化进程，强调保障村民民主权利的重要性。为了有效推行家庭联产承包责任制，进一步保障村民的基本权利，村民在经济体制改革的基础上创造性地建立了村民委员会。村民委员会作为一种村民自治组织，负责处理农村的各类公共事务，维护农村社会的稳定、有序和和谐。这一组织的建立和发展，不仅体现了村民自治的实践，也反映了国家政治结构转型的趋势。

国家采取了一系列措施来推动这一转型。1982 年的《宪法》首次以法律形式明确确立了村民委员会的合法地位，标志着村民自治在法律层面获得了认可和保障。1983 年，《中共中央、国务院关于实行政社分开建立乡政府的通知》规定全面废除人民公社制，建立乡镇政府替代人民公社这一基层政权组织，并建立村民委员会和村民小组替代生产大队和生产队。1987 年出台的《村民委员会组织法（试行）》以及 1998 年的《村民委员会组织法》再次明确了村民委员会的性质和地位。这些法律和政策的制定，为村民委员会的成立和发展提供了坚实的法律基础和组织保障。

村民委员会的成立和发展为最终形成"乡政村治"治理模式奠定了组织基础。在国家行政组织逐步退出农村社会治理的过程中，村民委员会有效弥补了治理上的"真空"状态，避免了农村社会陷入无组织、无人管辖的困境。通过这一组织，村民得以直接和有效地参与农村社会治理，从而提高了农村社会治理的民主性和有效性。总体而言，随着家庭联产承包责任制的实行和村民委员会的建立，农村社会治理结构发生了深刻的变化，不仅促进了农村经济的发展，也增强了农村社会的内在凝聚力和自治能力，形成了更加灵活、有效的农村社会治理结构。

第三章 农村社会治理的组织体系

第一节 基层政权组织的主导地位

一、基层政权组织的定义

基层政权是指乡、镇一级政府，以及它的各届人民代表大会或代表会议。基层政权组织是政治体系中最基础的组织形式，其核心功能在于在较小的、通常是地理上划分的区域内实施政府的政策和法律，也负责收集和反映民众的意见和需求。这些组织通常设立在城市的社区、乡镇或村落等层级，形成了国家政权结构的基础。在这些组织的运作中，通常包括三个关键方面：一是政策执行，指的是将中央或上级政府的政策在基层进行具体的实施和执行；二是社会管理，涉及对该区域内社会秩序、公共安全、环境保护等方面的管理职能；三是服务提供，指的是为当地居民提供必要的公共服务，如教育、医疗、社会福利等。

基层政权组织在政治体系中扮演着桥梁和纽带的角色。它们既是政府政策的传递者，又是民意的收集者，为上级政府与民众之间的沟通提供了有效的渠道。这种双向的作用使得基层政权组织在维护社会稳定、推动社会发展等方面发挥着不可或缺的作用。

基层政权组织的构成和功能会根据不同国家和地区的政治体制、法律法规、社会文化等因素有所差异。但其核心目的通常一致，即实现良好的治理、满足公民的基本需求和权利、促进社会的和谐与进步。这类组织的有效运作对于政治体系的稳定性和公民的生活质量有着直接和深远的影响。

二、基层政权组织的重要作用

基层政权建设是国家政权建设的重要组成部分，是社会主义物质文明、精神文明、政治文明建设的组织保障。[①] 党的二十大报告中指出："健全基层党组织领导的基层群众自治机制，加强基层组织建设，完善基层直接民主制度体系和工作体系，增强城乡社区群众自我管理、自我服务、自我教育、自我监督的实效"。[②] 基层政权组织的权力主要来源于广大人民群众的赋予，其职能范围涉及农村社会的各个方面。其重要作用主要体现在以下三方面，如图 3-1 所示。

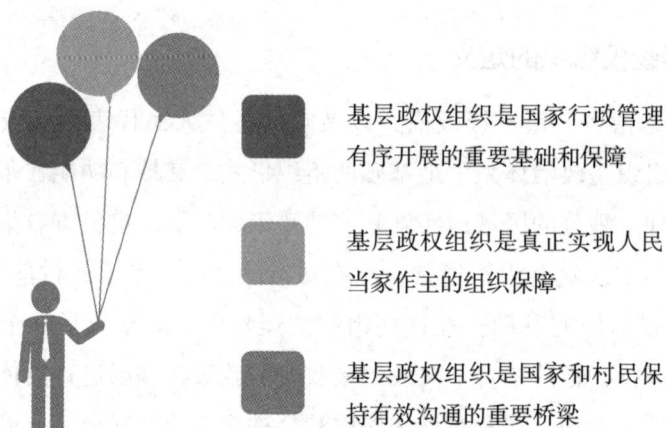

基层政权组织是国家行政管理有序开展的重要基础和保障

基层政权组织是真正实现人民当家作主的组织保障

基层政权组织是国家和村民保持有效沟通的重要桥梁

图 3-1　基层政权组织的重要作用

① 杜双燕.社会治理视角下对农村基层政权弱化的思考 [J].中共珠海市委党校珠海市行政学院学报，2014（3）：40-45.

② 习近平.高举中国特色社会主义伟大旗帜　为全面建设社会主义现代化国家而团结奋斗：在中国共产党第二十次全国代表大会上的报告 [N].人民日报，2022-10-16（1）.

（一）基层政权组织是国家行政管理有序开展的重要基础和保障

国家行政管理体系，作为一种复杂的政治结构，其有效性和效率往往取决于多层级机构的协调运作。在这一体系中，基层政权组织扮演着至关重要的角色。这些组织不仅是国家意志和政策的传递者，而且是在地方层面实施这些政策的关键执行者。虽然基层政权组织在政策制定上的权力有限，但在政策实施过程中，其作用不容小觑。

基层政权组织的主要职能在于将国家层面的政策和方针转化为具体的行动，确保这些政策能够根据地方的实际情况得到有效执行。这种转化和执行过程不仅需要对国家政策的准确理解，还需要对地方情况的深入洞察。因此，基层政权组织在促进政策的本地化和具体化中起着桥梁作用。例如，在公共卫生、教育或基础设施建设等领域，基层政权组织通过调整和适配政策，使其更贴合当地社区的需求和特点，从而提高政策的有效性和接受度。

基层政权组织还负责收集和反馈来自基层的信息，这对于国家政策的调整和完善具有重要意义。这些组织通过与地方居民的直接互动，能够获得第一手的社会情况和公众意见，这些信息是国家层面无法直接获得的。因此，基层政权组织不仅是政策实施的执行者，还是政策制定和调整过程中不可或缺的信息来源。

（二）基层政权组织是真正实现人民当家作主的组织保障

在我国的政权组织体系中，基层政权组织作为最末端的治理单位，其重要性和作用不容忽视。这些组织覆盖着广泛的农村地区，并以农村居民为直接治理对象，承担着将国家政策与民意有效对接的责任。基层政权组织不仅是国家政权体系的组成部分，更是人民民主政权的重要体现。

基层政权组织的主要特征在于其直接来源于人民群众。居民通过法定程序选举基层政府的领导人，这一过程体现了民主原则和人民主权的实质。基层政权组织不仅仅是执行国家政策的机构，更是民意表达和政治参与的平台。通过选举、监督，甚至是罢免基层政府的领导，居民能够直接参与到政治决策和治理过程中，这种参与性是真正实现人民当家作主的关键。

基层政权组织在促进社区自治和提升政策适应性方面发挥着重要作用。基层政府不仅需要理解和执行中央政策，还需要考虑到本地的实际情况和居民的具体需求。这种双向的交互过程提高了政策的针对性和有效性，同时提升了居民对政策的认同感和满意度。因此，基层政权组织在连接国家政策和民众需求之间，起到了桥梁和缓冲的作用。

在我国的政治框架内，基层政权组织不仅仅是简单的行政执行机关，它们实质上是实现民主政治的基石。这些组织确保了民众的意愿和需求能够被听取和考虑，同时保障了国家政策的有效实施。基层政权组织的稳定性和有效性直接影响到国家政权的稳定，更是真正实现人民当家作主的组织保障。因此，在我国的政治体系中，基层政权组织的作用不应被低估，其在维护国家稳定和促进民主政治方面至关重要。

（三）基层政权组织是国家和村民保持有效沟通的重要桥梁

基层政权组织在国家行政权力体系中扮演着不可替代的角色，作为连接国家政策与农村居民的关键纽带，其作用在于确保国家与民众之间有效沟通和相互理解。这些组织不仅深入理解并执行国家的行政方针、政策和指令，而且深刻把握农村社会的发展动态和居民的实际需求。通过这种双向的沟通机制，基层政权组织有效地将国家意志与民意相结合，从而提升了政策的科学性和合理性，也维护了人民群众当家作主的民主原则。

基层政权组织的作用在于其独特的位置——既是政策执行的前沿，又是民意反馈的源头。独特的位置使其能够直接向农村居民传达国家政策，增强居民对政策的理解和认同。这些组织通过与农村居民的日常互动，能够及时捕捉到民众的需求和困难，再将这些信息有效地传递给上级政府。这一过程不仅保障了农村居民的合法利益，而且为政策制定者提供了宝贵的资料，有助于政策制定更加贴合实际，更具针对性和有效性。

基层政权组织的稳定和有效性是实现民主政治和人民当家作主的基础。这些组织既代表国家的意志，又代表民众的声音，它们在国家与民众之间建立了一个有效的沟通渠道。这不仅促进了民众对国家政策的理解和接受，还提高了政策的适应性和灵活性，确保政策能够更好地服务于民众的实际需求。

基层政权组织不仅是国家行政管理体系的重要组成部分，更是民主政治实践中不可或缺的一环。它们在确保国家政策的有效实施和反映民意之间起到了桥梁作用，是真正实现人民当家作主的组织保障。

三、发挥基层政权组织的主导作用

（一）加大基层政权组织体系的改革力度

随着我国农村经济社会结构的深刻转型，传统的基层政权组织体制面临着日益增加的挑战。这些挑战不仅源自农村社会经济发展的内在需求，还包括了新时代背景下对于治理效率和质量的更高要求。因此，加大基层政权组织体制改革的力度显得尤为迫切，这不仅是优化农村治理结构的必要途径，还是实现农村可持续发展的关键因素。改革的核心在于实现基层政权组织结构和功能的优化。这涉及对乡镇机构设置的合理化、人员配置的科学化，以及财政负担的减轻。合理的机构设置和科学的人员配置能够提高行政效率，减轻财政压力，有助于基层政权组织更加专注于服务与治理。明确乡镇机构的职责权能，避免职责缺位或越位，是确保政策执行和服务提供准确无误的前提。

基层政权组织改革的另一重点是行政办事程序的简化和乡镇机构运行效率的提高。简化程序不仅能够提高行政效率，还能增强农村居民对乡镇机构工作的满意度。在这个过程中，引入专业技术强、道德水平高的人才至关重要。这些人才不仅能够为基层治理带来新的视角和方法，还能提升整体团队的工作效能。建立健全的干部考核制度和提拔制度，对于提高基层干部的整体素质至关重要。这不仅关系到基层政权组织的工作效率，还关系到农村治理质量的提升。与此同时，责任追究制度和干部监督机制的建立，是规范乡镇机构内部管理的关键。这些制度的建立和完善，能够有效地防止权力滥用，保障公共资源的合理分配和使用。

政府职能的转变，特别是从行政型、命令型政府向服务型、指导型政府的转变，对于基层政权组织体制改革而言，意义重大。这种转变不仅改变了政府与民众的互动方式，还提高了政府服务的质量和效率。总而言之，正确处理基层政权组织与农村自治组织、民间社会组织以及村民之间的关系，是实现良性治理和发挥各治理主体作用的关键。这不仅要求基层政权组织尊重其他治理主体的主体地位，还要发挥其在指导和服务方面的功能。

（二）加强基层政权组织的人才队伍建设

人才队伍的建设，特别是基层管理人才的选拔、培养、评价与激励，对于提高基层政权组织的治理能力和服务效率具有决定性作用。为了更好地发挥这些人才的潜力，必须创新人才管理的各个方面。

创新人才选拔机制是确保基层政权组织得到合适人才的首要步骤。通过拓宽选拔渠道，可以确保有能力、有责任感的专业人才被纳入基层政权组织。这不仅包括传统的选拔途径，还应考虑到非传统途径，如社会招聘、开放竞争等方式，以吸引更多具有创新能力和专业知识的人才。人才培训机制的创新对于提升基层管理人才的能力同样重要。定期的教育培训不仅能够提升他们的管理和服务能力，还能够帮助他们适应快速变化的社会和技术环境。通过与高校等教育机构合作，可以建立更为系统和专业的培训体系，提供理论和实践相结合的培训内容。人才评价机制的创新则是确保人才能够在适当的位置上发挥其最大效能的关键。通过建立规范的工作标准和职业标准，可以对基层管理工作进行更为科学的评估。差异化的考核评估标准，针对不同类型、不同层次的基层管理岗位，能够更加准确地评价个人的工作表现和贡献。人才激励机制的创新是保持人才动力和创新性的关键。通过提升薪酬福利，建立有效的薪酬机制，可以提高基层管理工作者的物质待遇。通过提升公众对基层管理者和服务者的认识，可以形成有效的精神激励机制。完善的职业晋级与选拔提升制度，能够为基层管理人才提供更多发展空间和职业发展路径，从而激发他们的主动性和创新性。

第二节　村民自治组织的基础地位

一、村民自治

村民自治的核心特征是村民参与，没有村民参与，就没有真正的自治[①]。村民自治作为一种基层民主的治理模式，其赋予村民对本村事务的管理权和决策权。在这种模式下，村民通过民主选举、民主决策、民主管理和民主监督等方式，直接参与村级事务的管理和公共资源的分配。村民自治不仅是一种政治制度安排，还是一种社会实践，它体现了现代民主理念在基层社会的深入和实现。村民自治的实践重心在于村民直接参与。这种参与不仅限于选举村级领导机构（村委会）的成员，还包括参与制定和执行村庄的规章制度、参与村级公共事务的讨论和决策以及对村委会等组织的监督和评价。这种直接参与确保了决策过程的民主性和透明性，使村级治理更加贴近村民的实际需求和意愿。

村民自治的有效实施有赖于健全的法律法规和制度框架。这包括明确的自治范围、权力与责任的界定以及有效的监督机制。制度框架的完善不仅为村民自治提供了法律保障，还为解决村内的矛盾和冲突提供了规范的途径。村民自治的实现还需要村民具备一定的自治能力。这包括基本的政治意识、法律知识、公共事务处理能力以及协商和沟通技巧。因此，提升村民的自治能力是实现有效村民自治的关键。这需要通过教育、培训和实践等多种方式来实现。

二、村民自治组织的重要作用

村民自治的法律形式来源于 1998 年修订的《中华人民共和国村民委员

---

① 申端锋.道德自觉：乡村文化的变迁与重构 [M].上海：生活·读书·新知三联书店，2021：293.

会组织法》，该法规定了村民自治组织的合法地位，为村民自治组织的发展提供了法律保障。我国村民自治组织主要以村委会为具体组织形式，村委会等群众性自治组织在推动我国农村经济发展、社会发展以及维护我国农村社会的稳定和谐发展方面有重要作用，如图3-2所示。

有利于促进我国农村政治的民主化发展

有利于促进集体经济发展

有利于协调社会关系，缓和社会矛盾

有利于有效整合资源解决社会保障问题

图3-2　村民自治组织的重要作用

（一）有利于促进我国农村政治的民主化发展

村民自治组织在我国农村政治民主化的发展中扮演着至关重要的角色。作为基层民主组织的典型代表，村民自治组织通过直接民主的方式体现了自治民主的核心理念，即主权与治权的统一。在这种框架下，村民自治组织不仅体现了最广大人民群众的主体地位，而且有效维护了他们的民主权利，成为农村社会治理和政治改革的关键。村民自治组织的基础性作用在于其对农村经济社会发展的积极推动和对社会秩序构建的重要贡献。通过整合农村社会治理的各类资源，这些组织在协调不同阶层间的利益诉求、调解社会关系以及促进社区内部沟通方面发挥着核心作用。这不仅有助于促进农村的经济发展，还有助于建立和谐、稳定的社会环境。

在促进我国农村政治民主化的过程中，村民自治组织起着突破性的作用。这些组织作为民主实践的实验场，提供了一个平台，让村民能够直接参与到村庄治理中，进行民主决策和民主管理。这种直接参与不仅增强了村民的民主意识和能力，还为我国农村政治体制的更广泛改革提供了宝贵经验。明确村民自治组织的基础地位，充分发挥其在农村治理中的基础作用，对于提升其治理能力至关重要。随着这些组织治理能力的增强，我国农村的政治体制改革步伐将会加快，农村社会治理的效率和质量也将得到显著提升。这不仅有助于实现农村政治民主化，还能够确保农村社会治理工作的有效实施和有序开展，从而促进整个社会的和谐与进步。

（二）有利于促进集体经济发展

村民自治组织通过有效整合农村社会资源，激发农村经济能人的活力，为集体经济发展提供了强有力的支撑。村民自治组织的经济功能体现在其参与农村经济规划和发展决策的过程中，它们集聚了农村居民的多元意见和需求，制定出既符合当地实际又满足居民需求的经济发展计划。

在农村经济发展的规划和决策过程中，村民自治组织的作用不容小觑。通过民主决策机制，这些组织能够确保农村经济发展方向和策略得到广泛的居民支持和认同。这种基于民主原则的决策过程有助于集中反映农村居民的真实需求和期望，从而制定出更加合理和有效的经济发展计划。村民自治组织在促进农村集体经济发展方面的作用尤为显著。通过有效地整合农村资源，包括土地、资金和人力资源，村民自治组织能够有效地促进农村经济的多元化和可持续发展。这种资源整合不仅增强了农村的自主发展能力，还降低了农村居民的经营风险，提高他们的经济收入。村民自治组织在维护农村居民的合法权益方面也发挥着重要作用。这些组织作为农村居民的代表和维权者，能够有效地保护他们在经济发展过程中的利益。

（三）有利于协调社会关系，缓和社会矛盾

村民自治组织作为民间基层自治的实体，有效地充当了基层政府、农村干部和村民之间沟通的桥梁。村民自治组织之所以能在协调社会关系和缓和社会矛盾中发挥重要作用，主要是因为它们能够代表农村居民的利益，同时

理解并传达基层政府的政策和意图。在这一过程中，村民自治组织不仅能够向基层政府反映农村居民的利益诉求，还能够向农村居民传达国家的相关政策和法律，从而增强农村居民与政府之间的相互理解和信任。

通过村民自治组织的介入，可以有效减少信息不对称和误解，从而减少因权力不平等导致的社会矛盾。村民自治组织在这个过程中，不仅仅是信息传递的渠道，更是理解和协商的平台。它们能够促进双方面的平等对话和协商，提供解决冲突和矛盾的有效途径。通过民主选举和民主管理，农村居民可以直接参与到村级治理中，有效地表达自己的利益和诉求。这种参与机制不仅有助于提高农村居民的自我管理能力，还有助于形成一种相互尊重和平等的社会关系。

（四）有利于有效整合资源解决社会保障问题

村民自治组织能够有效地调动农村社会的分散物质资源、人力资源以及信息资源。通过组织集资、募捐等活动，村民自治组织可以积累必要的经济资本，这些资金可用于改善农村医疗条件、建设养老设施等。通过招募志愿者和其他社会力量，村民自治组织能够积累人力资源，为农村居民提供必要的服务，如医疗、养老、教育等。在政府的资助和扶持下，村民自治组织可以成立如农村医疗合作社、农村养老院等机构，提供基本的公共服务和公共产品。这种整合政府、民间组织、社会机构以及村民资源的模式，是解决农村社会保障问题的有效途径。这种模式不仅能够以较低的成本解决"看病难、养老难"的问题，还能够提高农村居民的生活质量，增强他们的社会保障感。

三、发挥村民自治组织的基础作用

村民自治，被称为"现阶段中国农村治理的重要方式之一"[①]。在现阶段的实践中发挥着基础性作用。为了进一步发挥村民自治组织的作用，需要从国家层面和村民自治组织自身两个方面着力。

---

① 徐勇 . 中国农村村民自治：制度与运行 [M]. 武汉：华中师范大学出版社,1997：4.

（一）国家层面

国家和政府在加强对村民自治组织的支持和促进其发展方面扮演着关键角色。村民自治组织作为我国基层社会治理的重要制度创新，不仅集聚了广大人民群众的智慧，体现了他们的创造性，而且已经在长期的社会实践中证明其有效性，特别是在促进农村经济社会发展、强化农村居民公民意识以及推动农村社会民主化进程方面。鉴于此，国家和政府需要进一步加大政策扶持力度，实现管理理念的转型，高度重视村民自治组织的发展。在现实中，尽管村民自治制度已经取得了一定的成就，但其发展仍面临着多种挑战，特别是基层政府与村民自治组织之间的关系问题，以及由此引发的行政体制问题，这些都在一定程度上制约着村民自治组织的发展。因此，国家和政府必须继续坚持并完善这一基本制度，为村民自治组织的发展提供充足的政策支持和良好的制度环境。

国家和政府在处理基层政府与村民自治组织的关系时，应进一步转变治理理念，促进基层政府向服务型、责任型、指导型政府转变。这种转变意味着更多地尊重村民自治组织的主体地位，减少对其行政性任务的赋予，避免对村民自治组织的直接干预，从而更好地释放村民自治组织的创新活力，激发其积极性和自主性。

（二）村民自治组织自身

村民自治组织自身在发挥其基础作用方面，需采取一系列措施来优化和提升其组织结构和行为。首要任务是对组织结构进行优化升级，使之适应市场经济的发展背景和农村社会治理的时代需求。这包括建立健全内部管理机制和科学设置组织的内部管理框架，确保组织运作的高效性和透明度。村民自治组织需要转变治理理念，强化民主意识和服务意识。这意味着推进公共决策的规范化、程序化和科学化，确保决策过程的民主性和合理性。实施村务信息公开化和透明化管理制度，是增强农村居民对公共决策了解的关键。这样的做法有助于减少农村居民因政策信息缺失而引发的不满，加强他们对村民自治组织的主观认同和实际支持。村民自治组织的发展还需坚持基层党政组织的领导。

第三节　社会组织的支撑地位

农村社会组织作为农村泛组织的统称，在农村社会治理和发展中扮演着重要角色。这些组织为了实现特定的社会目标和执行特定的社会职能而产生，它们的活动基于一定的规章和程序，由具有共同目的的人群共同体组成。在农村社会的有序发展过程中，农村社会组织不仅是一种状态和过程的体现，还是农村社会成员参与社会活动的重要方式。农村社会组织的状况直接影响着农村社区乃至整个社会的协调、稳定和有序发展。这些组织在连接政府政策与农村实际、促进农村社会发展等方面起着桥梁和纽带的作用。政府制定的各项农村工作方针政策，其实施和落实在很大程度上依赖于农村各级基层组织的有效运作。这些组织不仅负责传达和实施政府政策，还在促进社区活动、引导社区行为等方面发挥着关键作用。

一、农村社会组织的重要作用

农村社会组织作为农村社会治理的重要组成部分，其呈现出明显的组织多样性和复杂性。这些组织通常基于特定的利益诉求和目标追求，自发、自愿形成。以农村为主要活动范围，村民作为主要的组织者和参与者，致力于维护村民利益。据研究，我国农村各类社会组织的数量约为 200 万个，涵盖了经济合作组织、公益性组织和互助组织等，成为农村社会中的一种重要力量。

农村社会组织的特征主要包括服务性、公益性、自治性和互助性等。在类型上，这些组织可以分为农村经济组织、农村政治组织、农村文化娱乐组织、农村宗教组织、农村医疗卫生组织及农村社会团体等。农村社会组织的运行机制独特，区别于政府、市场及居民委员会，其拥有更多的自治空间，强调以民主协商、平等对话为基本运行方式。在功能上，农村社会组织不仅服务于广大村民群众，还是连接基层政府与村民的重要纽带。这些组织在整合村民利益诉求、拓展村民表达渠道、维护村民合法权益、提升村民组织化程度、增强村民自我服务能力、强化村民社会参与意识及丰富村民社会生活等方面发挥着关键作用。农村社会组织的兴起和发展，作为中国农村发展的一个新现象，在农村社会治理的发展和演进中正产生积极影响。因此，在构建中国特色农村社会治理体系的过程中，对于农村社会组织的支撑地位，应给予充分重视。农村社会组织的重要性如图3-3所示。

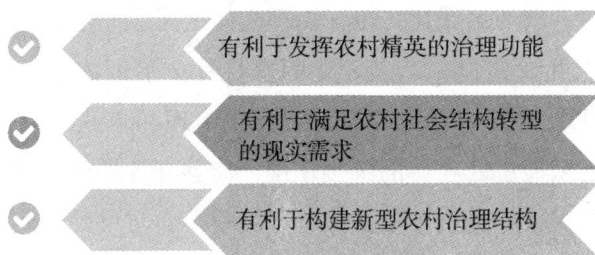

有利于发挥农村精英的治理功能

有利于满足农村社会结构转型的现实需求

有利于构建新型农村治理结构

图3-3　农村社会组织的重要性

（一）有利于发挥农村精英的治理功能

传统中国社会是一个相对自治的社会共同体，农村精英在农村社会治理中发挥了关键作用。这些农村精英依靠其社会权威协调农村社会关系，处理公共事务，维护农村社会的稳定、和谐与有序发展。然而，随着市场经济和商品经济的快速发展，传统的"熟人社会"治理秩序被打破，农村社会逐渐从一个共同体转化为原子化的个体，农村精英的社会治理角色逐渐边缘化，农村社会组织化程度下降，进而导致了农村社会治理危机的产生。

在这一背景下，农村社会组织的重要性日益凸显，它们在弥补农村精英治理功能的空缺方面发挥着重要作用。农村社会组织通过各种形式的社会活动，能够重新整合农村社会资源，提供一个平台，使农村精英能够重新参与到农村治理中。这些组织的多样性和灵活性使其能够有效地适应快速变化的社会环境，创新农村治理模式。

农村社会组织能够在多个层面上发挥作用，如促进村民参与、提升社会公共服务水平、维护社会稳定等。通过这些组织，农村精英可以发挥其专业知识和社会经验，引导和协调农村社会关系，处理公共事务。这些组织还为农村精英提供了与基层政府和村民之间的沟通桥梁，使他们能够更有效地参与到决策过程中，为农村社会治理贡献智慧和力量。

（二）有利于满足农村社会结构转型的现实需求

我国农村社会结构的转型伴随着社会矛盾的日益显现和社会关系的复杂化，以及利益诉求的多元化。单一治理主体已无法完全满足农村社会发展的现实需求。因此，构建一个多元化的农村社会治理体系，培育新兴的农村社会组织，成为加强农村自我服务、自我治理和自我发展能力的关键路径。农村社会组织通过其独特的链接作用，能够有效搭建政府、市场与村民之间的沟通平台。这些组织不仅加强了居民委员会与村民之间、基层党组织与村民之间以及村民相互之间的沟通与对话，还有助于克服农村原子化的弊端，协调政府与村民之间的关系。农村社会组织在促进农村社会结构转型的过程中，通过提供更加多元化和灵活的治理方式，满足了农村社会多样化的需求。

农村社会组织在整合村民利益、提供多样化服务以及促进村民参与决策过程中发挥着重要作用。这些组织能够反映和代表村民的利益，为村民提供必要的服务，增强村民对社会治理的参与感和归属感。通过这种方式，有助于形成一个更加包容、协调和高效的治理环境。

（三）有利于构建新型农村治理结构

在当前中国农村社会治理的背景下，农村社会组织在构建新型农村治理结构方面发挥着至关重要的作用。虽然村民自治制度在一定程度上提升了村民的自治能力，但居民委员会的"半行政化"性质导致了政府行政权力与村民自治权力之间缺乏有效的缓冲和协调。农村社会组织作为村民自发、自愿形成的社会组织，其服务性、公益性和专业性有助于弥补这一缺陷。

农村社会组织能够有效拓展农村社会的自治空间，创新农村社会治理方式。这种创新不仅体现为引入多元参与主体和治理方式，还体现为打破传统的农村治理结构，从而为构建新型的农村治理结构提供动力和模式。农村社会组织通过其多样化的服务和活动，为村民提供了更广泛的参与机会和表达渠道，增强了村民对农村治理的参与感和归属感。

农村社会组织在支撑农村社会的民主化进程、维护村民公共利益方面发挥着重要作用。它们不仅是农村社会治理的补充和调节力量，也是农村社会民主参与和公共决策的重要平台。在建构中国特色农村社会治理体系的过程中，加强对农村社会组织的培育和支持，为其发展提供良好的外在环境，是实现农村治理现代化和民主化的关键。

二、发挥农村社会组织的支撑作用

农村社会组织在农村社会治理的领域内，无论从理论角度还是从实践层面，均展现出其重要性。近年来，政府、社会及村民对于农村社会组织的发展给予了高度重视，促使各类农村社会组织如专业经济协会、老年协会、红白理事会以及文娱体育协会等迅速兴起。这些组织广泛涉猎政治、经济、社会、文化等农村生活各个方面，满足了中国农村经济社会发展的现实需求。

总体来看，当前我国农村社会组织发展依然处于初级阶段，存在着立法进程滞后、法规不健全、管理制度不完善、组织行为不规范、自律机制不健全、遵纪守法意识较弱等问题[①]。鉴于此，为了充分利用农村社会组织在农村社会治理中的支撑作用，亟须对相关领域进行加强和完善。这包括但不限于完善相关法律法规，强化组织行为的规范性，建立健全自律机制，增强遵纪守法的意识，以及提升整体管理效率和效能。通过这些措施，不仅可以优化农村社会组织的内部管理和运行机制，还可以提升其在农村社会治理中的有效性和适应性。因此，加强对农村社会组织的培育和支持，不仅是推动农村社会治理现代化的必要路径，还是实现农村社会全面和谐发展的关键。其具体做法如下。

---

① 唐建平，张国祥，高青.农村社会组织建设对策研究 [J].湖北社会科学，2010
（12）：36-39.

（一）理念上高度重视农村社会组织的发展

农村社会组织的发展在很大程度上依赖于理念的支持。历史上，受行政思维的制约，政府部门在发展和管理农村社会组织方面存在一定的理念偏差，对这些组织发展的重要性认识不充分。尽管随着服务型政府和责任型政府理念的推广，政府部门在这方面有所改善，但总体上仍显不足。在这种背景下，政府部门须更新治理理念，明确农村社会组织的地位和作用，有计划地推动农村社会组织的发展，为其提供理念上的支持。

这一过程中，政府部门应更加深入理解农村社会组织在农村社会发展中的重要性，认识到这些组织在促进社会和谐、增强农村自我服务能力、提升民众参与度等方面的作用。通过改变传统的行政导向，更多地采取鼓励和支持的姿态，政府可以为农村社会组织的发展创造更加有利的环境。这包括提供必要的政策支持、法律保障，以及提高政府部门与农村社会组织之间的互动和合作效率。通过这些措施，可以有效地促进农村社会组织的健康发展，进而推动农村社会治理的现代化进程。

（二）从政策上高度支持农村社会组织的发展

农村社会组织的发展密切依赖于政策的支持和引导。在过去，受政治体制的制约和管理理念的限制，政府对农村社会组织的政策支持力度不足，尚未形成一套完善的政策支持体系。这种状况在很大程度上导致了农村社会组织因缺乏外在支持而面临发展困境。为改变这一局面，政府需建立和完善农村社会组织发展的政策支持体系，充分利用"财政"的资源配置功能，有选择性地支持农村社会组织的发展。

政策支持主要分为两个方面：一是直接财政支持政策，即直接通过财政途径为农村社会组织，尤其是非营利组织提供经济资助，以减轻这些组织的经济压力；二是间接财政支持政策，包括补助、资助、贴息、税收优惠等方式，间接支持农村社会组织的发展。通过这两种政策支持，农村社会组织可以获得经济和人力资源的支持，从而引导村民自发形成科学、教育、文化、卫生、体育等方面的自治组织，并培育出一批具有较强自主性、公益性和服务性的社会组织。

（三）从法律上高度保障农村社会组织的发展

农村社会组织的发展离不开法律法规的保障。在法治社会的背景下，加强农村社会组织发展的法治建设已经成为一种必然趋势，也是解决当前农村社会组织发展困境的关键途径。为了促进农村社会组织的健康发展，必须依托现有的法律法规体系，并根据农村社会组织的具体需求和特点，制定和完善相关的法律法规。

中国法律法规中与农村社会组织发展相关的法律包括《中华人民共和国民法典》《社会团体登记管理条例》等。《中华人民共和国民法典》为社会组织的合法权益提供了基本保障，规范了社会组织与成员、其他组织和个人之间的关系。《社会团体登记管理条例》明确了社会组织的登记管理程序，保障了社会组织合法合规运行。这些法律法规的实施，不仅为农村社会组织提供了法律上的支持和保障，还促进农村社会组织规范化、透明化运作。然而，仍需进一步完善法律法规，确保其更加贴合农村社会组织的实际情况和需求。这包括但不限于加强对农村社会组织内部治理结构的规范，明确社会组织与政府、市场和村民之间的关系，以及提供更多促进农村社会组织发展的法律措施。

（四）从体制上高度规范农村社会组织的发展

农村社会组织作为一种独立的组织形态，其发展离不开体制的支持和规范。在农村社会治理体系中，这些组织在协调基层党政组织、居民委员会及村民之间的关系方面扮演着重要角色。尽管农村社会组织具有一定的独立性，但其发展并非完全脱离基层党政组织的管理和约束。因此，精准定位农村社会组织的功能和地位，成为确保其健康、有序发展的关键。

为了有效规范和引导农村社会组织的发展，需要在尊重其独立性和民主性的基础上，建立一套合理的管理和指导机制。这包括明确农村社会组织的法律地位、权利与责任，确保其在农村社会治理中的作用得到充分发挥，同时又不脱离整体农村社会治理体系的框架。还需制定相应的政策和措施，以促进农村社会组织与基层党政组织之间的有效沟通和协作，确保政策的一致性和协调性。

（五）从自身能力建设上有效促进农村社会组织发展

虽然外部的理念、政策、法律、体制支持对农村社会组织的发展至关重要，但更为关键的是这些组织自身能力的提升。为了有效发挥农村社会组织的支撑作用，它们需要不断增强组织能力和内部管理能力。首要任务是建立和完善内部管理制度，增强社会组织的规范性和专业性。这包括制定明确的组织规章、管理流程和职责分配，确保组织运作的高效性和透明度。农村社会组织还需创新其运行方式，提升资源动员能力，这不仅有助于增强组织自身的运作效能，也为满足不同阶层村民的多元化利益诉求提供了可能。

加强社会组织人才队伍的建设，是提升农村社会组织社会资本的重要途径。通过吸引农村精英的积极参与，可以为农村社会组织带来新的视角、技能和经验，增强其解决问题和推动社会进步的能力。加强不同类型社会组织之间的合作与交流，也是提升农村社会组织综合实力的有效手段。

第四节　农村居民的主体地位

农村居民在农村社会治理中扮演着核心角色，既是治理的关键对象，又是治理主要的参与者。他们通过参与农村公共生活、对公共政策制定以及公共产品、服务的分配产生影响。农村居民在农村社会治理中的参与程度和途径，是衡量农村社会民主发展水平和政治进步的关键指标。这表明，农村居民参与越具广度、多样性和深度，村民自治的民主化水平越高，政治文明的程度也越高。

农村居民的广泛参与不仅是实现村民自治的重要保证，还是农村社会治理成功的关键。在缺乏农村居民参与的情况下，村民自治很可能只停留在理论层面。在构建中国特色的农村社会治理体系时，除了确认基层政权组织的主导作用、村民自治组织的基础性地位及社会组织的支撑功能外，还应强调农村居民的主体地位。这一点是当前中国农村社会治理发展的必然趋势，也是农村经济社会发展的必要条件。

一、农村居民参与的重要作用

农村居民在农村社会治理中占据主体地位，是进一步加强农村民主建设的基本前提和重要基础。农村居民参与农村社会治理的重要作用主要体现在以下四个方面，如图3-4所示。

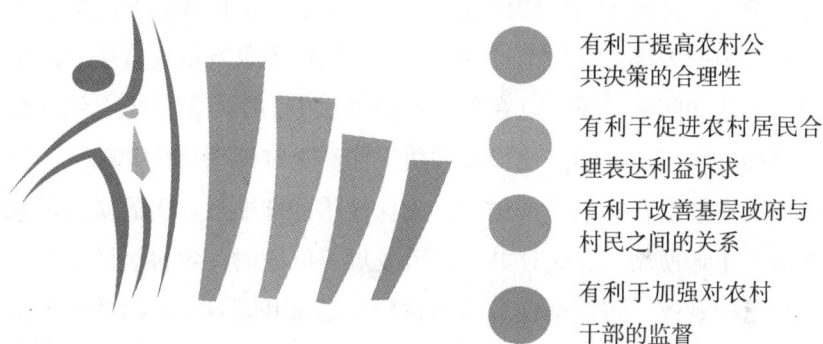

有利于提高农村公共决策的合理性

有利于促进农村居民合理表达利益诉求

有利于改善基层政府与村民之间的关系

有利于加强对农村干部的监督

图3-4　农村居民参与农村社会治理的重要作用

（一）有利于提高农村公共决策的合理性

农村居民参与公共决策，不仅仅是一种民主实践，更是确保决策过程贴合农村实际需求的关键环节。居民的直接参与使得决策过程能够更全面地收集和了解农村的实际需求和问题，从而提高决策的针对性和有效性。例如，涉及农业发展、乡村建设、公共设施改善等议题时，农村居民的直接参与能够提供基于其生活经验的宝贵意见，这些意见在很大程度上决定了决策的实际可行性和最终效果。居民参与还有助于增强决策的透明度和公众的信任度。当农村居民能够参与到决策过程中时，他们对政策制定的过程和结果将有更深的了解和认同，这有助于减少误解和冲突，增强政策执行的顺利进行。从长远看，居民参与还有助于培养农村的民主意识和公民责任感，对提升整个社会的政治文明水平具有不可忽视的作用。农村居民的参与对于促进公共决策的合理性具有重要作用，这不仅体现在提升决策的具体效果上，还体现在推动社会整体民主进程和政治文明程度的提升上。在实践中，应当不断探索和完善农村居民参与的机制和方式，确保其能够在决策过程中发挥积极和有效的作用。

（二）有利于促进农村居民合理表达利益诉求

农村居民参与在促进其合理表达利益诉求方面扮演着至关重要的角色。这种参与不仅仅是民主实践的体现，更是确保农村居民能够有效地表达自己的需要和期望的关键。在这个过程中，农村居民不仅有机会直接向决策者反映自己的想法和问题，还可以在参与治理过程中，学习如何更有效地组织和表达自己的诉求。这种参与使得农村居民能够更好地理解公共政策的制定过程，从而更有效地在其中发挥作用，确保政策能够贴近村民的实际需求。例如，在涉及土地使用、农业补贴、村落发展等问题时，农村居民不仅能够直接表达自己的观点，还能够理解其他村民的需求和观点，从而共同形成更加全面和均衡的利益诉求。这种合理的利益表达是推动农村发展、解决农村问题的关键，也是促进农村社会和谐和持续发展的重要途径。因此，不断完善和加强农村居民的参与机制，不仅能够帮助农村居民更有效地表达和实现自己的利益诉求，还能够促进整个农村社会的健康发展。

（三）有利于改善基层政府与村民之间的关系

基层政府与村民之间的关系在农村社会治理中是核心。两者关系的和谐程度直接影响农村社会治理的效果，进而影响农村经济社会的健康发展。和谐的关系有助于农村社会治理的有序进行，而对抗的关系则可能危及农村社会的稳定和和谐。因此，协调好基层政府与村民之间的关系显得尤为重要。农村居民参与在改善基层政府与村民关系方面发挥着关键作用。当农村居民积极参与农村社会治理时，他们的利益诉求能够得到更好的表达和反映，合法权益得到更有效的保障。随着农村居民对基层政府了解的加深，对基层政府的认同和信任逐渐增强，从而形成相互信任、相互对话的平等关系。这种关系的形成有助于缓解基层政府与村民间的潜在矛盾，增强双方的沟通和协作，提高农村社会治理的整体效率和质量。

（四）有利于加强对农村干部的监督

在农村社会治理中农村居民的参与对于加强对农村干部的监督具有重要意义。作为农村社会治理的主体、资源的受益者以及社会生活的活跃参与者，农村居民因其与农村干部共同生活在同一区域，对干部的行为作风有更深入的了解。这种了解为农村居民提供了监督农村干部行为的基础和动力。

农村居民通过广泛的参与，能够有效地加强对农村干部的监督，规范其行为，提升干部的政治和道德素养。这种监督不仅包括对农村干部工作表现的评价，还涉及对其决策过程、资源配置和公共服务的监督。农村居民的这种参与和监督，有助于提高农村干部的责任意识，保证其行为的透明度和公正性。农村居民对农村干部的监督还能促进农村社会治理的民主化和公开化。通过建立健全的反馈机制和公开渠道，农村居民可以更有效地表达对农村干部工作的意见和建议，从而推动农村社会治理的整体进步和发展。

二、发挥农村居民的主体作用

（一）确立农村居民参与农村社会治理的主体地位

确立农村居民在农村社会治理中的主体地位，是实现农村社会治理现代化的关键。需要从多个维度来深化和强化农村居民的参与意识和能力，以确保他们能够在农村社会治理中发挥主体作用。

制度建设是确立农村居民主体地位的基础。需要通过法律法规来明确农村居民在农村社会治理中的权利和责任，为他们的参与提供法律保障。这包括但不限于修订和完善涉及村民自治、社会组织参与和公共决策等方面的法律法规，以及建立健全村民参与决策的机制和程序。通过这些制度安排，可以确保农村居民的参与不是被动地接受和响应，而是能够积极地、有效地影响和塑造农村社会治理的过程和结果。

加强农村居民的能力建设对于提升他们的主体地位至关重要。这涉及提高农村居民的法律意识、政策理解能力和公共事务参与能力。可以通过教育培训、社区活动、媒体宣传等多种方式，增加农村居民对农村社会治理相关知识的了解，提升他们的参与技能和水平。还需加强农村居民的组织能力，鼓励他们成立或加入各种社会组织，通过组织的力量来集中和表达自己的利益和诉求。

提升农村居民在农村社会治理中的参与度也是关键。这不仅包括在村民自治、社会组织活动中的参与，还包括在公共决策、项目实施和社会监督等方面的参与。需要通过建立多渠道、多形式的参与机制，如公众听证会、社区论坛、在线咨询等方式，保障农村居民的意见和建议能够被听取并得到充分考虑。

加强对农村居民参与的评估和反馈机制也至关重要。这意味着不仅要关注农村居民的参与行为本身，还要关注其参与的效果和影响。通过设立反馈和评估机制，可以更好地了解和解决农村居民在参与过程中遇到的问题，持续优化和改进参与机制和流程。

（二）提升农村居民参与农村社会治理的意识及能力

提升农村居民参与农村社会治理的意识和能力是实现农村社会治理现代化的关键因素。这一过程涉及多个层面，包括提高农村居民的认识水平、增强其参与动力、提升决策能力和加强组织机构的建设等。

提高农村居民的认识水平对于激发其参与农村社会治理的意识至关重要。这包括通过教育和培训提升农村居民对法律法规、公共政策和社会治理的基本知识的理解。通过组织系列讲座、研讨会和培训班，可以增强农村居民对自身在农村社会治理中的角色和重要性的认识，同时提高其对相关政策和法律的了解。这种知识的传授不仅是理论上的，还应包括实践操作的指导，例如，如何有效表达意见、如何参与决策过程等。

增强农村居民参与农村社会治理的动力是促进其积极参与的关键。这需要建立一套激励机制，鼓励和奖励农村居民的积极参与。例如，可以通过表彰参与社会治理的积极分子、为积极参与社会治理的居民提供某些便利和优待等方式，激发农村居民的参与热情。通过媒体和社会活动宣传参与社会治理的积极案例，可以增强农村居民的自豪感和归属感，进一步激励他们积极参与社会治理。

提升农村居民在决策过程中的能力也是提高其参与意识和能力的重要组成部分。这不仅包括提高其表达和沟通能力，还包括增强其分析和判断能力，使其能够更加理性和有效地参与公共决策。例如，可以通过模拟决策活动、案例分析等方法，训练农村居民分析问题和提出问题解决方案的能力。

加强组织机构的建设对于引导和支持农村居民参与社会治理同样重要。这包括建立和完善村民委员会、村民小组等基层组织，确保这些组织能够有效地代表和组织农村居民参与社会治理。这些组织不仅是连接农村居民和基层政府的桥梁，还是培养农村居民参与意识和能力的重要平台。

（三）拓展农村居民参与农村社会治理的渠道

拓展农村居民参与农村社会治理的渠道是实现有效治理和促进民主进程的关键环节。在这个过程中，应注重多维度的渠道建设，包括制度化渠道、信息化渠道、教育化渠道和组织化渠道，以实现农村居民在治理中的广泛、有效参与。

制度化渠道的建设是确保农村居民参与的基础。这包括通过法律、政策和规章制度确立农村居民参与的权利和机制，为其提供正式、稳定的参与平台。例如，可以通过村民大会、村民代表大会等形式，使农村居民能够直接参与到村级决策、管理和监督中。还需制定具体的操作程序和指南，确保农村居民在参与过程中的权利得到充分保障，他们的意见和诉求得到有效的反映和处理。

信息化渠道的拓展对于提升农村居民参与的效率和范围至关重要。随着信息技术的发展，使农村居民通过网络平台、移动应用等手段参与社会治理成为可能。这些信息化手段不仅提供了更为便捷的参与途径，还能够实现信息的即时传递和反馈，扩大参与的覆盖面。例如，可以通过建立在线决策咨询平台、电子投票系统、在线监督平台等，使农村居民能够更加方便地获取信息、表达意见和参与监督。

教育化渠道的构建是提升农村居民参与质量的重要手段。这意味着需要通过各种教育和培训活动，提高农村居民的治理知识、技能和意识。这包括开展公民教育、法律知识普及、政策解读讲座等，提高农村居民的政治素养和决策能力。通过提升农村居民的知识和技能，使他们的参与更有成效。

组织化渠道的加强对于促进农村居民的集体参与至关重要。这包括支持和加强村级组织如村民委员会、村民小组、合作社、社区服务中心等的功能和作用。这些组织不仅是农村居民参与治理的平台，还是协调农村居民与政府、市场之间关系的重要力量。通过加强这些组织的建设，可以更好地汇集农村居民的意见和诉求，增强参与的组织性和效果。

（四）保障农村居民参与农村社会治理的信息获取

保障农村居民参与农村社会治理的关键在于确保他们能够有效地获取相关信息。信息获取的有效性直接影响农村居民对社会治理的理解、参与和反馈，因此，建立和完善信息传递机制成为实现这一目标的重要途径。

在确保信息有效传递的过程中，首要任务是建立一个开放、透明的信息发布系统。这意味着所有与农村社会治理相关的信息，包括政策决策、法律法规、公共服务、项目实施等，都应通过易于获取的渠道公开发布。为此，可以利用政府官网、社交媒体平台、村委会公告栏等多种形式，确保信息能够及时、准确地传达给农村居民。还需确保信息的可理解性，通过使用简洁明了的语言和图示，使所有层次的农村居民都能够容易地理解这些信息。

加强与农村居民的双向沟通机制不仅包括从政府和组织向农村居民传递信息，还包括收集和回应农村居民的反馈。为此，可以设立意见箱、热线电话、在线咨询服务等，鼓励农村居民就各种社会治理问题提出意见和建议。通过这种双向交流，农村居民不仅能够获得所需的信息，还能够感受到自己的声音被倾听和重视。

提升农村居民的信息素养也是促进有效信息获取的关键环节。这包括通过教育和培训提升农村居民的基本信息技能，如网络信息搜索、判断信息真伪的能力等。可以通过举办培训班、工作坊、讲座等形式，提升农村居民的信息处理能力，使其能够更加主动和有效地获取和利用信息。

构建基于信息技术的智能化信息服务系统也是提升信息获取效率的重要手段。随着信息技术的发展，利用智能手机应用、在线服务平台等手段提供社会治理信息，可以极大地提高信息传递的效率和覆盖面。还可以利用大数据分析等技术，对农村居民的需求和反馈进行分析，进而更加精准地提供所需信息和服务。

第五节　构建适合我国农村多样化特点的多元治理模式

一、多元化治理模式的内涵

我国农村的多元治理模式是一种综合性治理体系，旨在通过多方参与和多层次协作，应对农村社区所面临的复杂和多样化的挑战。这一模式的核心在于打破传统的以政府为单一治理主体的模式，转向包括政府、市场、社会组织和公民个体等多个主体的综合治理结构。在这个模式中，每个参与者都在农村社会治理中扮演着特定的角色，共同构成一个动态、灵活和适应性强的治理网络。

政府在这一模式中继续发挥着基础性的角色，负责制定政策、提供公共服务和维护法律秩序。然而，与传统治理模式不同的是，政府的角色更多地转变为协调者和促进者，旨在为其他治理参与者提供支持和平台，以促进更广泛的社会参与和有效的资源分配。市场机制在我国农村多元治理模式中被赋予了重要的功能，特别是在资源配置和促进经济发展方面。市场不仅提供了一种高效的资源配置方式，还激发了创新和竞争，为农村经济的多元化发展提供了动力。社会组织在多元治理模式中的作用日益凸显。这些组织能够代表和反映社区成员的特定需求和利益，提供定制化的服务，促进社区参与和社会凝聚力。社会组织的参与有助于弥补政府服务的不足，提高治理的灵活性和效率。公民个体是多元治理模式的基础。农村居民的直接参与是提高治理适应性和有效性的关键。通过促进居民在决策过程中的直接参与，可以确保政策更加贴近农村社区的实际需求和特点，增强政策实施的合理性和有效性。

二、多元化治理模式的特点

推进治理能力现代化，必须改变过往单一主体式、运动式、命令式的管理方式，推动治理与法治化、民主化、社会化的有机结合[①]。治理是一种结构化的机制，通过这种机制，负有监督责任和权力的个人可以为重要的组织活动提供指导和决策。在项目集和项目领域中，组织的治理结构加强了项目集管理和系统工程之间的整合管理方法[②]。治理从理论上可以分为四个基本特征：治理是一个过程；治理过程的基础不是控制，而是协调；治理既涉及公共部门，又包括私人部门；治理不是一种正式的制度，而是持续的互动[③]。

多元化治理模式融合了民主、法治、公开、透明、公平与正义等核心治理理念，其重点在于促进政府与市场、政府与公民之间的协作与有效互动。该模式着重于社会组织的培育和发展，注重公民广泛参与的价值，强调社会公平和公正的重要性。其倡导社会治理方式的多样性，并强调社会资源分配的多元主体化。具体而言，农村社会治理多元化治理模式的特点主要有以下三方面，如图 3-5 所示。

---

① 许耀桐，刘祺．当代中国国家治理体系分析 [J]．理论探索，2014（1）：10-14．

② 雷本提斯．项目集管理与系统工程整合之道 [M]．温顺达，胡震东，译．北京：北京航空航天大学出版社，2022：138．

③ 俞可平．中国公民社会的兴起与治理的变迁 [M]．北京：社会科学文献出版社，2002：543-552．

图 3-5　多元化治理模式的特点

（一）治理主体多元化

在多元化治理模式中，农村社会治理主体不再局限于基层政府一方，而是包括基层政府、村民自治组织、民间社会组织及农村居民等多个主体。这些主体在农村社会治理体系中各司其职，发挥着各自的独特作用，而且在处理农村社会问题时能够相互补充、相互促进。这种多元化的治理模式有助于将公共利益和公民社会权利置于农村社会治理的重要位置，更好地保障农村居民的基本利益和基本权利。

在多元化治理模式下，基层政府的角色发生了根本性的转变。基层政府不再是农村社会治理的唯一主体，也不再是公共服务和公共产品的唯一供给者。相反，基层政府与村民自治组织、民间社会组织及农村居民之间形成了一种协商、合作的平等关系。这种关系的转变意味着基层政府在农村社会治理中的作用更多地转向协调和引导，而不是单一的领导和控制。基层政府与其他治理主体协同合作，共同面对农村社会的公共事务和挑战，共同促进农村经济社会发展。这种合作模式使得基层政府能够从烦琐的日常农村事务中解放出来，更好地发挥其在大局中的统筹和指导作用。农村社会治理的多元化是实现农村社会治理现代化的关键，它要求不同的治理主体发挥各自的优势，相互协作，共同推动农村社会的和谐发展。

（二）治理手段多元化

治理手段的多元化意味着农村社会治理不仅依赖于传统的行政和法律手段，还包括市场机制和自治机制等其他形式的治理手段。在多元化治理模式下，公共资源的配置方式更为开放和多元，摒弃了以往政府单一垄断式的配置模式。这种变革有利于促进资源的高效利用，提升公共服务的质量，也有助于提高农村社会治理的适应性和灵活性。

行政手段虽然仍然是农村社会治理的重要组成部分，但其角色和功能已经发生变化。行政手段更多地被用来提供必要的指导和协调，而不是直接干预。法律手段则用于确保农村社会治理活动的合法性和正当性，为治理提供必要的法律框架和保障。市场手段的引入为农村社会治理带来了资源配置的高效性和创新性，通过市场机制激发农村经济的活力。自治手段的运用强调了社区自我管理和居民参与的重要性，通过提高居民的自治能力和参与意识，提升了农村社会治理的民主化水平。

综合运用多样化的治理手段，农村社会治理能够更好地适应复杂多变的社会环境和居民需求。这种综合治理模式有助于提高治理的有效性，增强农村社会的凝聚力和稳定性，也为农村社会的可持续发展提供了坚实的基础。通过多元化治理手段的运用，可以实现农村公共产品和公共服务的有效供给，维护农村社会秩序的和谐、稳定和有序，从而推动农村社会治理向更加开放、高效和民主的方向发展。

（三）治理机制多元化

治理机制的多元化指的是农村社会治理不仅依靠传统的行政机制，还涵盖市场机制、社会自治机制以及志愿者机制等多种形式。治理机制多元化的核心在于综合利用不同机制的优势，弥补单一行政机制运行的局限性，以实现农村社会治理的公平性、有效性和民主性。

行政机制在农村社会治理中继续扮演着重要角色，负责制定政策、协调资源和提供基本的公共服务。然而，在多元化治理模式下，行政机制的作用被重新定义，更多地强调其在协调和引导中的作用，而非直接的控制和命令。市场机制的引入为资源配置提供了灵活性和高效性，特别是在促进经济发展、激发创新活力方面发挥着重要作用。社会自治机制强调了农村社区的自我管理能力，通过增强社区组织的功能和居民的参与，提升了社会治理的民主化和自下而上的决策过程。志愿者机制则体现了社会力量在农村社会治理中的活跃参与，尤其是在提供社区服务、推广文化教育和协助应对紧急情况等方面的作用。

综合运用多样化的治理机制，可以有效地提升农村社会治理的整体效能。不同的治理机制可以相互补充、相互促进，形成一个综合、协调、高效的治理体系。多元化治理机制有助于确保农村社会治理更加公平、有效和民主，更好地满足农村社区多样化的需求，促进农村社会的全面发展和进步，为农村社会的可持续发展提供坚实基础。

三、多元化治理模式的构建

（一）确立农村社会多元治理主体的合法地位

构建多元化农村社会治理模式的关键在于确立农村社会多元治理主体的合法地位。这一过程中，政府、市场、社会组织以及农村居民等多个参与主体的角色和功能需得到明确和法律上的认可。通过确立这些主体的合法地位，可以构建一个更加公平、高效和包容的治理体系，更好地应对农村社会面临的复杂挑战。

在多元化农村社会治理模式中，政府的角色由传统的全能型治理者转变为协调者、引导者和服务提供者。这一转变意味着政府需在制定和执行政策时考虑其他治理主体的意见和利益，确保政策的制定过程更加民主和透明。政府也需提供必要的法律和政策框架，支持其他治理主体的有效运作和发展。市场作为资源配置的有效机制，在多元化治理模式中扮演着重要角色。市场机制的合法地位的确立，可以促进资源的高效利用，激发经济活力，特别是在促进农村地区的经济发展和创新方面。在此过程中，政府的角色更多的是监管和引导市场，确保市场运作的公平性和透明性。社会组织的合法地位的确立在多元化农村社会治理模式中尤为关键。这些组织能够代表特定社区或利益群体，提供定制化的服务，促进社区参与和社会凝聚力。法律上对社会组织的认可和支持，可以增强它们在农村社会治理中的作用，确保它们能够在法律框架内有效运作。

农村居民作为治理过程的直接参与者和受益者，其合法地位的确立对于推动治理的民主化和有效性至关重要。通过法律和政策的支持，可以保障农村居民在治理过程中的参与权，鼓励他们积极表达自己的意见和诉求。这种参与不仅有助于提升治理的适应性和效果，还能增强农村居民对治理过程的认同和满意度。

确立农村社会多元治理主体的合法地位是构建多元化农村社会治理模式的基石。这一过程需要政府、市场、社会组织和农村居民等多方的共同努力和协作。通过明确各治理主体的角色和功能，可以实现资源的有效配置，促进公共服务的优化，增强治理的民主性和透明度，从而有效应对农村社会的多元化挑战，推动农村社会的全面发展和进步。

（二）加大基层政府行政改革力度，努力建设服务型基层政府

构建多元化农村社会治理模式的一个重要方向在于加大基层政府的行政改革力度，致力于建设服务型基层政府。这种转变不仅是对基层政府功能和角色的重新定位，更是对农村社会治理理念和实践的深刻革新。服务型基层政府的核心在于更加注重服务和响应民众需求，而非单纯的行政管理和控制。在这一过程中，基层政府的改革涉及多个方面，包括治理结构、职能定位、服务方式以及与民众的互动机制。

在服务型基层政府构建过程中，治理结构的优化和调整尤为关键。这意味着基层政府需要从传统的垂直管理结构转向更加扁平化、网络化的治理结构。在这种结构下，基层政府能够更加灵活地响应社区需求，更有效地与其他治理主体协作。治理职能的重塑也是关键，基层政府需要将更多精力投入公共服务提供、社会问题协调解决以及民众需求的满足上，而非仅仅聚焦于行政管理和命令的执行。基层政府服务方式的革新也是构建服务型政府的重要一环。这包括引入现代管理理念和技术手段，提升政府服务的效率和质量。例如，通过数字化手段优化公共服务流程，使民众可以更方便地获取服务，同时提升服务的透明度和可追溯性。基层政府还需要加强与民众的沟通

和互动，确保民众的声音和需求能够得到有效回应。这不仅提高了治理的民主性，还增强了政府的公信力和责任感。

在服务型基层政府的框架下，多元化农村社会治理模式的构建还涉及加强与市场、社会组织以及农村居民的协作。通过建立合作机制，基层政府可以与市场和社会组织共同提供公共服务，解决社区问题。这种协作不仅能够汇聚更多资源和智慧，还增强了治理方案的针对性和有效性。

服务型基层政府的构建和多元化农村社会治理模式的推进相辅相成。服务型基层政府的建设不仅提升了政府自身的服务能力和效率，还为多元化农村治理提供坚实的基础，确保各方参与主体能够在平等、开放的环境中共同参与治理过程。通过这种方式，可以有效地推动农村社会的全面发展，提升农村居民的生活质量和满意度，构建一个和谐、稳定、繁荣的农村社会。

（三）加强社会组织培育，促进社会组织发展

在构建多元化农村社会治理模式的过程中，加强社会组织的培育和促进其发展是实现有效治理的关键环节。社会组织作为政府和市场之外的重要治理力量，在农村社会治理中发挥着越来越重要的作用。它们不仅能够提供多样化的公共服务，还能代表和反映农村社区成员的特定需求和利益，进而促进公民参与和社区凝聚力的提升。

社会组织的培育和发展，首先需要一个良好的政策环境和法律框架。这意味着政府需要制定和完善相关政策和法规，为社会组织的成立和运作提供支持和保障。例如，通过简化注册流程、提供税收优惠、建立资金支持机制等措施，降低社会组织运营的门槛和成本，激发其发展活力。社会组织提供公共服务的能力，是其在农村治理中发挥作用的关键。社会组织通过定制化和创新化的服务，更加贴近农村居民的实际需求，如在教育、医疗、文化、环境保护等方面提供专业和多样化的服务。社会组织还可以通过组织各种社区活动和项目，增强农村居民的参与意识，提升社区的活力和凝聚力。

除此之外，社会组织在促进农村社会治理民主化和透明化方面发挥着重要作用。社会组织作为农村居民与基层政府之间的桥梁和纽带，传达民众的

意见和诉求，监督政府的政策执行和公共资源的分配。通过参与社会监督和政策咨询，社会组织能够提升农村社会治理的透明度和公正性，提升政策的有效性和公众的满意度。

为了有效地促进社会组织的发展，还需要加强组织能力建设和人才培养，这包括提供专业培训、增强组织管理能力、提升项目规划和执行能力等。鼓励和支持社会组织之间的合作和交流，可以促进经验分享、资源整合，提升这些组织整体的服务能力和影响力。

第四章　农村社会治理的法治体系

第一节　农村社会治理法治系统建构

农村社会治理法治化的核心在于在农村治理过程中遵循一系列适用于农村社会治理的法治准则。这一过程需要建立一套完善的法律法规体系，以法律作为治理的基础，提高农村自治的能力和水平，推动农村社会治理的规范化、科学化和民主化。农村社会治理法治系统建构的本质是培养和强化法律意识、法治观念和法治文化，构建一个符合农村特点的法治化的系统理论。

一、农村社会治理法治体系构建依据

农村社会治理法治的基础理论是中国特色社会主义的法治理论。其实质是中国特色社会主义理论体系的重要组成部分，是中国共产党人汲取中国传统法律文化思想，借鉴国内外先进文化的优秀成果，立足中国法治实践，用于解决中国法治问题，探索中国法治道路，构建中国特色社会主义法治体系的理论，是社会主义理论发展的优秀成果。其为农村社会治理法治化的构建提供了重要的理论依据。

自 1978 年十一届三中全会以来，中国特色社会主义的建设开启了新篇章，其中社会主义法治的建设成为核心议题。随着 1999 年《中华人民共和国宪法修正案》提出建设社会主义法治国家的目标，我国法治建设进入了新

阶段。2003年提出的科学发展观，在法治层面上体现了统筹城乡发展的原则，强调以人为本，满足人民需求。

党的十九大提出的乡村振兴战略，将健全自治、法治、德治相结合的农村治理体系作为其重要内容，体现了农村治理的全面性和深入性。通过融合中国特色社会主义法治理论，农村社会治理法治化不仅是推动法治进程的重要一环，也是实现农村治理现代化、系统化的关键。农村社会治理法治化的推进，旨在确保农村发展的稳定性和可持续性，最终实现农村社会的全面繁荣和长远发展。2022年党的二十大报告再次强调坚持全面依法治国，推进法治中国建设[①]，这为农村社会治理法治化提供了理论支撑。中国特色社会主义理论为农村社会治理法治化提供了坚实的基础。

二、农村社会治理法治目标定位

党的二十大报告指出，"全面建设社会主义现代化国家，最艰巨最繁重的任务仍然在农村。坚持农业农村优先发展，坚持城乡融合发展，畅通城乡要素流动。加快建设农业强国，扎实推动农村产业、人才、文化、生态、组织振兴"。[②] 构建农村社会治理的法治体系关键在于以法治化为理论，以自治为基石，建立健全基层党委工作制度，推进基层政府依法行政，农村社会民众高度自治的健康的现代化农村社会治理体系。农村社会治理法治体系架构如图4-1所示。

---

① 习近平.高举中国特色社会主义伟大旗帜　为全面建设社会主义现代化国家而团结奋斗：在中国共产党第二十次全国代表大会上的报告[N].人民日报，2022-10-16（1）.

② 习近平.高举中国特色社会主义伟大旗帜　为全面建设社会主义现代化国家而团结奋斗：在中国共产党第二十次全国代表大会上的报告[N].人民日报，2022-10-16（1）.

基层党组织领导治理　　　　　　　　基层政府依法行政

推动村民民主自治　　　　　　　　农村社会治理的理性治理

图 4-1　农村社会治理法治体系架构

（一）基层党组织领导治理

农村基层党组织作为中国共产党在农村社会的基础力量，担负着农村社会治理的重要职责。在农村社会治理中，基层党组织及其干部的作用至关重要，因此，强化基层党组织干部的法治理念，是实现农村社会治理法治化的关键。农村基层党组织众多，与农村民众的直接联系密切，成为农村居民认识党组织的主要窗口。基层党组织是否能够坚守初心，依法治理，直接影响到农村社会治理法治化乃至国家现代化的进程。基层党组织在农村社会治理中需要充分发挥其在政治引领、组织协调、制度建设和民众关系方面的优势。在此过程中，坚持法律至上，起到党员模范带头作用至关重要。基层党组织干部应当不断学习法律知识，提高法治意识和法律素养，确保在农村社会治理过程中依法行政，用法治理念引导村民积极参与农村治理。

为实现这一目标，基层党组织干部首先需要从法治理念上加强自我建设，提升法治文化意识。作为学习型组织，党组织成员应在法治理念的指引下不断提升自身的法治意识和素质。其次，基层党组织成员在农村社会治理过程中应加强与民众的联系，倾听民意，了解民众需求，响应民众诉求，将保护农村居民合法权益、维护农村社会秩序作为工作重点。基层党组织应深入了解农村治理中的矛盾和冲突，运用法律手段妥善解决问题，从根本上推动党组织的法治化转型。

（二）基层政府依法行政

在现代化发展的背景下，基层政府作为农村治理的关键机构，承担着推进农村社会治理法治化的重要职责。要实现基层政府的依法行政，关键在于确保其行政行为在有效监督下进行，以及其决策和执行过程符合法律法规的要求。基层政府在农村治理中的主要职能包括制定适应本地实际的规范性文件、执行相关政策、审批各种行政行为、提供法律援助和财政支持等。这些行政活动应当在法律框架内进行，确保其合法性和公正性。

基层政府在农村治理中的行为和决策应当以国家法律法规和上级党组织的指导为依据，并结合当地的实际情况进行。这种做法能确保基层政府的政策制定和执行既符合国家法律的大框架，又贴近农村的具体实际，从而更有效地服务于农村社会的发展。制定的规范性文件在农村治理中起到理论指导和实践引导的作用，为农村治理提供方向和依据。

确保基层政府的依法行政是农村社会治理法治化的基本前提。基层政府的依法行政能有效保障其为农村民众服务的本质，维护广大人民群众的根本利益。通过法治来限制和规范基层政府的权力行使，是实现从"人治"向"法治"转型的关键。在这一转型过程中，法治的推进不仅约束和指导基层政府和基层党组织的行为，还确保其全心全意为人民服务，真正做到从群众中来，到群众中去。基层政府的依法行政能有效避免官僚主义、专制主义的产生，确保农村治理的公正性和有效性。

（三）推动村民民主自治

推动村民民主自治在新时代中国特色社会主义农村治理体系中占据着举足轻重的地位。实现农村社会治理法治化的核心在于以民主为法治的保障，确保农村社会民主自治的实现。这一过程中，增强民众对法律制度的认知、将法治理念深入乡村社会、培养农民的法治意识成为关键任务。法治不仅仅是引导农民维护利益的工具，更是解决社会矛盾的有效手段。通过法治化手段，农村社会的治理能够更加规范化、科学化和民主化。

在农村民主自治的推进过程中，农村村民需要加强对国家基本法律和村民自治法律的学习。这种学习不仅能提高村民的法律意识，还能增强他们参与农村治理的意愿和能力。村民通过学习，能够更加有效地参与到村务的民主决策和管理中，同时对村委会和基层党组织的治理活动进行有效监督。村民代表会议机制的健全和完善，也是实现民主自治的关键环节。该机制应充分发挥表达村民意愿、参与决定村庄事务、监督村委会职权的作用，确保村民的意见和诉求得到充分反映和考虑。

（四）农村社会治理的理性治理

在国家治理体系中，理性治理的核心体现在公民实践的理性上，即公民对国家和政策的认同。农村社会治理是一个复杂且漫长的过程，通过宣传和引导国家政策及地方性法规，可以将农村社会治理提升到理性治理的层面，从而在根本上改善农民对个人理性的认识，提升自我意识。农民作为农村生产生活的主体，其认知和行为模式直接影响着农村治理的进程。因此，推广社会主义核心价值观，加快法治化进程，推动农村治理，使农村社会能够形成与新时代发展相符的先进价值观是当务之急。

农村社会治理的法治化是保障农村社会治理实现理性治理的关键。理性治理强调平衡和和谐的治理模式。在新时代背景下，中国倡导可持续发展观，要求在经济发展过程中不得以牺牲环境为代价。在农村治理中，需要寻求治理的平衡，确保人们在法律允许的范围内享有最大的自由。这不仅保障了人民的思想自由，还能避免因不同价值观念产生的纠纷，同时引导农民树立生态保护意识，成为理性的行动者，推动农村社会治理的稳定发展，最终实现治理的理性化、合理化和和谐化。

二十大报告中提出的"法治、德治、自治、共治"[①] 融合的基层治理体系，是在原有的"三治融合"基础上衍生出的新治理模式。二十大报告强调，全面建设社会主义现代化国家，最艰巨最繁重的任务仍然在农村。坚持农业农村优先发展，实现城乡融合发展和畅通城乡要素流动，是实现乡村振兴

---

① 习近平.高举中国特色社会主义伟大旗帜　为全面建设社会主义现代化国家而团结奋斗：在中国共产党第二十次全国代表大会上的报告 [N]. 人民日报，2022-10-16（1）.

的关键战略。在推进乡村振兴的过程中，法治思维和法治方式的运用至关重要，这将引领农村治理朝着更加理性和高效的方向发展。

三、农村社会治理法治体系的功能

（一）行为规范功能

在构建农村社会治理法治体系中，行为规范功能发挥着重要作用。法治化在农村社会治理过程中不仅起到引导作用，还是确保治理规范化和有序发展的基础。法治化的实施在农村社会治理中具有双重作用：一方面，它规范个体民众的社会行为，维护合理的社会秩序；另一方面，它有效地规范政治行为，制约权力。

法治化通过其基本社会功能维护社会秩序和规范行为规则。法治的规范性功能尤为重要。法治不仅为农村民众提供精神保障，还规范其生产、生活方式，维护生活秩序。通过法治，农村民众能更好地了解和遵守法律规定的行为准则，有效约束和规范其行为，保障农村治理过程的有序进行。

法治化在限制政治权力方面发挥着核心作用。现代法治的核心在于对权力的限制，确保统治阶级与普通民众在法律面前平等。在农村社会治理中，法律作为最高的规范，对所有人和机构具有约束力。特别是农村治理机构如基层党组织、政府和村民委员会等，虽掌有权力，但均受法律制约。这样的法治约束机制保障这些机构能够本着为人民服务的原则行事，保护村民权益，推动农村社会治理的现代化。

（二）权利保障功能

农村社会治理法治化在保障村民权利和义务的履行方面发挥着关键作用。法治化确保农村民众在农村治理过程中能够合理运用权力，并依法履行义务。在法治的框架下，农村民众不仅积极运用法律赋予的权力参与农村治理，维护自身合法权益，同时承担相应的社会责任。

中华人民共和国成立以来，公民基本权利在《中华人民共和国宪法》中得到确认，其中包括选举权、被选举权、财产权和人身自由权等。因此，农村社会治理法治化的实施对于保障村民权利至关重要。法治化可以通过普及法律知识提高村民对法律的认识，赋予并保护村民的权利，确保其在农村社会中的主体地位。这种法治保障能激发村民的主人翁意识，使其积极参与农村治理，以法律手段维护自身权益，加快农村治理的进程。

法治也保障村民依法履行义务。在享有权利的同时，村民也应承担相应的社会责任。法治的强制性要求民众履行义务，有效防止部分民众追求个人利益而忽视公共利益的情况发生。通过法治约束村民的行为，能够确保在保障村民权利的同时要求其依法履行义务，从而培养村民正确的权利意识和平等观念，促进其思想进步，积极参与农村治理，提高自治水平，实现农村治理的自主化。

（三）社会整合功能

新时代我国社会发展带来了农村治理的重大转变。新时代的农村治理方针是打破传统的管理模式，强调治理主体的多元化和法治化。这意味着农村治理不再仅仅是政府的责任，而是包括社会组织、团体以及农村民众在内的多元主体共同参与。这种转变源于农村市场经济的发展，经济结构和社会体制的转型，以及农村社会资源的流动性和社会交流的增强。这些变化要求农村治理必须从传统的经济模式向开放性和多元化的治理模式转变。

农村治理的多元化要求重塑基层党组织、基层政府、村委会等机构与民众个人之间的关系，保障多元主体的权利，并整合治理资源。这是农村社会治理法治化的社会整合功能的具体体现。法治的文化法则与人类社会发展的基本价值取向一致，尊重和保护不同价值和利益追求，为多元化的社会群体和组织融入农村治理过程提供保障，并形成开放式的农村治理格局。

法治体系在调整和规范治理主体之间的关系、化解矛盾和冲突方面起着重要作用。随着农村社会融入社会主义市场经济体系，政府、集体和农民之间的利益出现分化，不同利益主体之间的冲突在所难免。法治化可以有效调节这些利益主体之间的关系，保障治理过程的有序和健康发展。在鼓励各团体、机构和农村民众积极参与社会资源配置的同时，法治能够确保这些参与是有序的，从而保护各方利益的实现。

法治为农村治理提供了制度保障，有效限制和规范各利益主体之间的行为，化解冲突，整合治理资源。通过建立开放性的农村自治制度，法治化加速了农村治理的进程，推动了农村治理的现代化。

（四）价值导向功能

农村社会治理法治化的价值导向功能在推动社会主义核心价值观融入乡村社会中扮演着重要角色。法治的价值本质，包括平等、公平和正义等原则，对于矫正和改善农村社会中存在的传统观念如"人治"思想、"官本位"思想以及村民的"抱团主义""个人主义"等，具有重要的现实意义。法治化的价值导向有助于在农村社会中形成符合国家新时代发展方向的先进价值观。

法治的价值本质映射了对先进文明的追求，体现了中国特色社会主义核心价值体系的具体实践。农村社会治理法治化意味着在农村治理过程中实现规则的尊重、理性发展的推崇以及平等价值的实现。依法治村的理念要求农村治理过程中遵循法治的理性标准，对治理行为进行规范和评估，确保法治化的价值观融入农村建设中。在法治化的价值导向下，农村民众在法律允许的范围内享有最大限度的自由。这种制度安排不仅保障了民众的思想自由和价值观念的多样性，还能避免由于价值观念差异而引发的社会冲突，为农村社会的健康、有活力地发展提供了价值基础。法治化价值导向还能激发农村民众的参与热情，塑造集体主义和代表广大农村民众利益的价值观，为那些习惯于基于感情亲疏判断事物的村民提供了理性、包容的思维方式，有助于在农村建设中理性处理利益冲突和纠纷，通过法治途径解决问题，促进农村社会治理的理性化发展。

四、农村社会治理法治体系构建

（一）法治资源是基础

法治资源在农村社会治理法治化进程中扮演着基础性的角色。这些资源主要包括由农村社会的生产力和经济发展决定的物质资源和人才资源。法治作为人类社会发展中的制度文明，经济基础是其成立和发展的决定性因素。在市场经济背景下，私有财产的产生和市民社会的形成，要求法治调整人际关系，保护个人财产和权益。

我国农村地区的生产力相对较低，市场经济体制发展不充分，这在很大程度上导致了农村法治化水平的滞后。加强法治资源的建设至关重要。物质资源和人才资源的提供是农村社会法治化发展的关键。鼓励人才下乡，不仅补充了农村的法治人才缺口，也为农村司法救济、法律服务和法律援助提供了必要支持，加快了农村法治化的步伐。

法治资源在农村社会治理法治体系构建进程中起到引导作用。只有在法治资源充足的条件下，农村社会的建设和发展才能顺利进行。改革开放以来，我国在农业、农村和农民相关领域的立法日益完善，这使得农村民众在治理农村的过程中能够依据法律法规行事。法治资源的建设确保了法律体系的建立和完善，为农村社会治理法治化奠定了必要的基础。人大代表作为具有广泛群众基础和民意基础的代表，其在农村社会治理法治化进程中的作用不容忽视。人大代表能够有效带动专业法务人员和法律从业人员积极参与农村治理，为农村的科学发展提供保障。通过人大代表和法律专业人员的努力，可以对农村治理中需要遵循的法律法规进行有效解释和宣传，使农村民众更加了解和掌握相关法律知识，从而促进法律法规的普及和应用。

（二）法治实施是关键

法治实施在农村社会治理法治体系中的作用至关重要，它不仅确保法律具有实际意义，也是推动农村社会治理法治化的核心。法律的制定仅是为国家建设、农村建设提供基础框架，而法治的实施才是确保这一框架有效运行的关键。在农村治理中，法律的实施不仅仅意味着农村各级行政机构、团体自治机构和农村民众理解法律，更重要的是按照法律规定行事，确保法治化进程得以实现。

法治实施要素涵盖法的制定、执行、监督和完善等环节，形成一个完整的实施链条。首先，法的制定是法治实施的基础。完善的法律规范体系是顺利实施法治的前提。深入农村社会进行立法，听取农村民众的关切和期待，以及充分发挥农村人大代表的作用，是制定符合农村实际需求的法律规范的关键。其次，法的执行是法治实施的核心。法律一旦制定，必须严格执行，体现有法可依、有法必依的原则。在农村治理中，树立法治权威，实现法律的严格执行，是确保农村社会治理法治化的关键。再次，法的监督是保障法治实施效果的重要环节。有效的监督机制是建立高效法治体系的保障。农村治理中，必须实现依法行政、严格执法、公正司法、全民守法的目标，确保法律面前人人平等。最后，法的完善是法治实施的持续动力。法律不是一成不变的，它需要根据农村社会发展的实际情况进行不断完善。全民参与的农村自治在农村治理中扮演重要角色，农村基层组织、政府、社团和个人对法律体系的不断反馈，是法律逐步完善的过程。

（三）法治精神是核心

法治精神在农村社会治理法治体系中不仅是核心，更是推动法治化进程的灵魂。这一精神体现在对法治内在核心价值的认同，包括法律至上、保障权利、制约权力、公平公正、民主自由以及司法独立等观念。它要求农村民众不仅理解法律，而且要将其内化为日常行为的准则，是法治实现的关键。

农村社会治理法治体系构建不仅需要法治的形式，更需要法治精神的支撑。缺乏法治精神，法治化易流于形式，甚至可能背离法治本质，变成为少数人服务的虚假法制。法治精神的内化是确保人民遵纪守法的有效途径，是法治思维形成和依法办事实现的过程。传统农村社会的特点是以血缘关系为纽带形成的熟人社会，常常以人情攀关系为行事基准，缺乏法治文化。因此，在农村社会治理法治化的过程中，加强法治精神的培育至关重要。通过塑造自觉守法、依法办事的社会氛围，农村社会治理法治化可以获得必要的精神动力。

法治精神的培养还体现在增强执政机关的公信力上。针对农村民众对法律认识不足的现状，基层组织和机构应加强普法宣传和法律引导，促进农村法治文化的形成。缺乏法治精神的指引，农村社会治理法治化将难以实现。

（四）法治价值观是最终目的

法治价值观是实现法治目的的关键，体现为对民主、法治、公平、正义等价值的追求和实践。这种价值观与社会主义现代化建设的目标相符合，是农村社会治理法治化的重要指导原则。农村社会治理的法治化不仅反映在基层党组织和基层政府的治理上，还体现在农村自治机构及民众个人的价值取向上。

树立法治化的价值观念，意味着在农村治理中引导农村民众秉持正义、平等、公平等法治原则，将这些原则融入日常生活和农村事务处理中。法治价值观的确立对农村民众而言至关重要，它将促使民众在生产生活、处理农村事务、解决内部纠纷时，遵循法治原则，确保其行为的合法性和正当性。

随着时间的推移，法治价值观将逐渐取代农村传统的民俗民风和民间约定，从而使农村治理更加健康、完善。法治价值观的普及和深化，不仅有助于提高农村治理的法治水平，还将为社会主义现代化建设提供坚实的文化和精神基础。农村社会治理的法治化，最终目的在于通过树立和实施法治价值观，实现民主、自由、公正、公平的农村社会，从而为推动全面的社会进步和发展提供支撑。

第二节 完善农村社会治理法治规范体系

一、挖掘农村社会治理法治资源体系

（一）整合农村资源，提高物质基础

农村地区的社会治理和法治建设，尽管面临着一些特定的挑战，但在我国长期的农业发展和农村改革中，已经积累了丰富的经验和基础。特别是自20世纪末期以来，随着我国对农业税制的调整和废除，农业经济的负担得到显著减轻，为农村地区的发展创造了更加有利的环境。国家对农业、农村、农民的关注和投入不断增加，尤其是精准扶贫政策的实施，极大地提高了农民的生活水平，改善了农村的生产生活环境。整合农村资源，提升社会治理的物质基础，成为推动农村社会治理进一步发展的重要任务。这不仅涉及财政投入的增加，还包括对农村资源的有效配置和管理。为此，国家和地方政府需采取多种措施加强对农村地区的支持和投资。

优化财政支出结构，加大对农村地区的财政投入，特别是在基础设施建设、教育、医疗卫生、社会保障等方面。这些投资不仅能够直接提升农民的生活水平，还能为农村治理提供坚实的物质基础。推动农村产业结构的调整和升级，通过发展多元化的农村经济，比如发展农村旅游、特色种植和加工业等，增加农民的收入来源，也为农村社会治理提供更多的经济支持。

强化农村人才的引进和培养。对农村地区的教育和人才培养进行投入，吸引和留住更多有能力的人才在农村工作和生活，这对于提升农村治理能力和水平至关重要。加强农村社会治理的法治建设，确保农村地区的法治建设与国家法治进程同步；加大对农村法律法规的普及和执行力度，保障农民的合法权益，维护农村社会的稳定和秩序。

（二）强化基层党组织领导，保障领导基础

农村的基层党组织是执政党的权力代表，是农村社会的领导核心。农村治理过程中，要切实强化基层党组织的领导，保障农村治理的领导基础。农村基层党组织的领导力，主要体现在，对农村治理的目的保障。党的十九大在《中国共产党章程（修正案）》第五章中对党的基层组织建设方面提出了许多新要求，为了增强基层党组织领导建设，要求"党的基层委员会、总支部委员会、支部委员会每届任期三年至五年"。①

"农村要发展，农民要致富，关键在支部"，要强化农村基层党组织的领导作用。在农村治理中，要突出基层党组织的政治功能，提升党组织的组织能力。由于农村相对封闭，农村民众存在对党的认识不足，对党的主张不明确，感觉离党很远的问题，因此，要把农村基层党组织建设成为宣传党的主张、贯彻党的决定、领导基层治理、团结动员群众、推动改革发展的坚强战斗堡垒，打造充满活力、美丽幸福的农村，从而形成共建共治共享的农村治理格局。

在基层党组织的建设中，党委书记是核心，因此，在选拔党委书记时，要严格遵守选拔制度，大力选拔党性强、作风好的党员干部担任。另外加强对党组织内部的人员培养，增强其法律意识和党建意识，建立健全管理、晋升机制，充分调动其积极性，促使其更好地为人民服务。而党组织机关成员应当充分履行职责，树立榜样，充分调动人民群众的积极性、主动性，带领群众投身到农村治理的进程中。

（三）提升农村法律服务，完善法治基础

提升农村法律服务和完善法治基础是实现农村社会治理现代化的关键环节。我国农村社会的司法力量相对薄弱，这在一定程度上制约了农村法治建设的进程。为了改善这一状况，必须从以下三个方面入手。

首先，加强农村司法基础设施建设。目前，我国基层司法机构在农村社会的覆盖度不足，导致农村居民在处理法律事务时经常面临不便。因此，加

---

① 中国共产党章程（修正案），第五章第三十一条 [Z].2017–10–24.

大对农村基层司法机构的投资，扩大其服务范围和能力，对提升农村司法效率和促进司法公正具有重要意义。具体措施包括增加农村级外派法庭的数量，提升司法机构的硬件设施和人力资源，确保司法机构的独立性和权威性。

其次，加强农村法律服务供给。随着农村社会矛盾的增多，现有的司法结构无法完全满足农村居民的法律服务需求。需要进一步强化农村地区的法律服务功能，为农村居民提供更加全面和贴近需求的法律服务。这包括设立农村"法律服务所"，降低法律咨询费用，提供更加便捷和实惠的法律服务。推动县级律师事务所的建立，鼓励执业律师下乡提供法律服务，以及加强对"赤脚律师"的培训和支持，提升他们的专业能力和服务质量。

最后，还应加强对农村居民的法律宣传和教育。通过不定期的法律宣传活动，提高农村居民的法律意识，使他们了解和运用法律来解决问题。这样不仅能促进农村居民的遵法意识，还能增强他们对法律的信任和依赖，从而形成良好的法治文化。

（四）强化人才队伍建设，保障人才基础

强化农村社会治理中的人才队伍建设是实现法治化治理的基石。农村社会治理的法治化不仅需要完善的法律体系和基础设施，更需要一支高素质的法治人才队伍，需要通过政策和机制的创新来吸引人才下乡。国家应当在政策层面提供更多的激励措施，如提高农村基层治理相关工作人员的福利和待遇，改善农村的工作和生活环境，从而吸引更多高学历、高素质的法治人才投身农村治理工作。还需要在职业发展路径上为这些人才提供明确的晋升渠道和更广阔的发展空间，使他们看到在农村工作的价值和前景。

要建立和完善农村基层治理人才的选拔、培养、晋升等机制，保障人才的合理流动和职业发展。重视人才的工作成效和贡献，确保他们的努力得到公正的评价和相应的回报。通过提供良好的工作环境和发展机会，增强人才的归属感和职业满足感。对农村基层治理人员的培训和教育至关重要。通过定期的培训和学习，不断提高他们的法治意识、专业知识和工作技能。为下乡的高学历人才提供进一步学习和进修的机会，促进基层治理人员之间的交

流和学习，从而提升农村法治队伍的整体素质。

二、健全农村社会治理的法律体系

中国共产党第十八届中央委员会第四次全体会议中指出："法律是治国之重器，良法是善治之前提，建设中国特色社会主义法治体系，必须坚持立法先行，发挥立法的引领和推动作用，抓住提高立法质量这个关键。"习近平总书记始终高度重视立法问题，曾经提出"小智治事、中智治人、大智立法"。我国当前处于社会主义现代化建设的新时代，要求我们完善立法、充分发挥法律机制的引领和保障作用，从而满足国家治理的各项需求。自1954年《中华人民共和国宪法》的制定，我国法律制度不断完善和发展，法律体系的建设也取得了显著成就，先后订立和完善了以《中华人民共和国宪法》为主导，加之部分法律法规、行政法规、地方性法规等多个层次、多个角度的法律规范，中国特色社会主义法律体系开始形成。在国家治理、经济文化建设、政治建设以及生态文明建设等方面实现了有法可依。

在农村治理中，具备科学完善的法律规范体系，实现有法可依是优化农村社会治理法治化实施结构的前提，因此农村社会治理的法治化，必须立法先行。农村社会治理的法律体系，主要需要从以下几方面入手，如图4-2所示。

农村社会治理
法律体系

保障国家法律的基础地位

加强农村领域立法

充分发挥乡规民约的积极性

加强农村自治组织的规范化

图4-2　农村社会治理法律体系

（一）保障国家法律的基础地位

农村社会治理法治化的实现，离不开国家法律体系的完整性和系统性。国家法律法规，作为社会治理和发展的规范性依据，为农村治理提供了基础性的法律框架。这一法律体系覆盖了社会生活的各个方面，不仅适用于城市，也适用于农村，是确保社会公平正义和民主自由的基石。

农村治理中的各级政府和基层党组织，其工作人员必须深入学习和理解国家法律法规，以确保在处理农村内部事务和进行治理活动时的合规性。这不仅是对法律的遵守，更是对法治精神的尊重。在农村治理中，任何违反法律的行为都应当被坚决避免，确保每一项决策和行动都在法律规定的范围内进行。

国家法律法规的整体性和系统性是农村社会治理法治化的重要保障。这一体系通过调整和完善，不断地适应社会发展的需要，并保持其时效性和适用性。农村治理中的各级组织应当不断加强法律学习，增强法律意识，确保在实际工作中能够自觉地遵守和运用法律，从而促进农村社会治理的法治化。

农村社会治理的法治化，必须建立在对国家法律体系全面而深入的理解和应用之上。这要求农村治理的各级组织和个体不仅要遵循法律的强制性，还要在自觉守法的基础上，有效地运用法律知识进行决策和治理。通过这种方式，农村治理能够在法律框架内有效运作，确保治理活动的合法性和正当性，为农村社会治理法治化打下坚实的基础。

（二）加强农村领域立法

加强农村领域的立法是健全农村社会治理法律体系的重要途径。在当前社会，随着农村经济社会的快速发展和变革，传统的农村治理模式已逐渐显示出不适应新时代的局限性，特别是在土地使用、农业发展、环境保护、乡村治安等方面。因此，通过制定和完善涉农法律法规，可以为农村社会治理提供更加明确的规范和指导。这不仅涉及基本的土地管理法律，还包括农业生产、农村金融、农民工权益保护等领域的立法。通过这些法律法规的制定和执行，可以有效地保障农民的合法权益，维护农村社会的稳定和谐。此外，这些法律法规为农村经济的持续健康发展提供了必要的法律支持，帮助解决农村发展过程中的矛盾和问题。同时，加强农村法律法规的宣传和教育，可以提高农村居民的法律意识，使他们在享有权利的同时，更好地履行自己的义务，从而为构建和谐农村社会创造良好的法治环境。因此，加强农村领域的立法，不仅是健全农村社会治理法律体系的需要，还是推动农村持续健康发展的关键。

（三）充分发挥乡规民约的积极性

农村社会治理法律体系中，乡规民约的积极性发挥至关重要的作用。从农村实际出发，充分发挥乡规民约的作用，体现了在农村社会治理法治化过程中，对多元化规范和治理方式的重视。乡规民约，作为农村社会长期共同生产生活形成的伦理道德观念和习俗，不仅在农村社会关系调节和秩序维护方面具有显著影响力，而且其灵活性和契合性能有效补充国家法律的"硬法"规定，为农村治理提供丰富的行为规范。

在乡规民约的功能发挥过程中，合法性保证至关重要。乡规民约不应与国家法律发生冲突，而应作为国家法律的有效补充。特别是在婚嫁、生育、继承等方面的传统习俗，如果带有封建色彩，侵害农村民众基本权利，应当被调整以适应国家社会主义法治的基本价值和精神。因此，乡规民约在制定和实施过程中应进行合理性审查，避免违背国家法律原则和精神。

乡规民约的积极性保障分为两个主要方面：一方面，乡规民约的制定和修改过程应尊重村民的意志，结合国家法律法规，发扬民主、正义精神，确保其内容反映农村民众的真实意愿和需求。农村村委会和党组织应发挥指导作用，确保乡规民约是由农村自治机构和农村民众共同制定的，这样的乡规民约才能在农村治理中发挥真正的作用。另一方面，乡规民约的内容应充分考虑农村的具体情况，以农村民众的共识为基础，保障村民权利，确保乡规民约能有效反映不同农村社会的实际情况。

（四）加强农村自治组织的规范化

农村自治组织作为农村社会治理法治化体系的核心，其规范化建设对于推动农村治理和法治化建设具有重要意义。通过加强农村自治组织的规范化，能有效改变公权力在农村社会格局中的单一独大地位，以法治保障自治组织和村民有效发挥治理作用，吸引他们参与到农村治理工作中来，推动农村社会的有序发展。

农村自治组织应保障村民充分行使自己的权利，促进村民积极参与农村治理。村民的有效参与不仅是农村治理的必要步骤，还是农村自治治理模式的集中体现。通过增强自治组织的创新能力，农村自治组织可以更好地为农村民众服务。农村自治组织规范化过程的加强体现为成立规范、运行规范和撤销规范。成立规范要求自治组织按照相关法律法规依法成立；运行规范要求在自治组织的运行过程中，始终坚持党的领导地位，确保运转公开透明，及时高效；撤销规范要求建立自治组织的撤销退出制度，确保组织的规范运行。

合理界定自治机构组织的权力范围和组织架构也十分关键。村民自治机构的权力范围和管理权，应根据农村经济社会结构变迁和发展需求而界定。这对于健全法治治理体系、提升农村社会的治理水平具有重要意义。规范农村民主自治机构，加强村委会、村民代表大会、村民小组等组织体系的建设，理顺村委会和村民小组的管理关系，是确保农村自治机构在村委会的管理下充分发挥作用的关键。

农村自治组织的规范化建设，是提升农村治理水平，乃至提高国家现代化治理水平的关键。从村民的切身利益出发，优化村民自治组织，进而完善农村社会治理法治化体系的构建，是当前农村治理工作的重要方向。通过提高村民自治组织资源的获取和利用能力、优化村民自治结构的功能、规范村民自治的流程、提升村民自治组织治理项目的质量和服务水平等，可以有效地推动农村自治组织的规范化建设，为乡村振兴、农村治理提供重要保障。

第三节　推进农村社会治理过程法治化建设

一、推进农村社会治理法律运行机制

（一）建立有效的农村司法解纷机制

司法解纷机制是指通过法律途径解决纠纷的机制，它是维护社会公平正义，保障公民权利和利益的重要手段，是促进农村社会稳定和谐发展的重要保障。

1. 完善法律法规和制度体系

农村司法解纷机制的基础是建立和完善相关法律法规和制度体系。这要求立法机关不断审视和适应农村社会的实际需要，修订和完善涉农法律法规。完善的法律法规体系应包含对农村特有的社会、经济和文化特点的充分认识和反映。法律的修订和完善应基于对农村社会矛盾和纠纷的深入了解，以及对农村社区特定需求的准确把握，确保法律既有强大的约束力，又能贴近农村社会的实际。

2. 制定适用于农村地区的法规制度

农村地区的特殊性要求法律法规的制定具有针对性和适应性。在制定适用于农村地区的法律法规时，要充分考虑农村的传统习俗、经济发展水平及社会结构。例如，处理土地纠纷、家庭继承、环境保护等问题时，应该结合农村的实际情况，制定具体、可操作的法规，以确保这些法规能够在农村社区得到有效执行。

3. 建立健全的农村司法解决机制

农村司法解纷机制的建立和完善需要建立一套有效、高效的司法程序和机构。这包括在农村地区设立司法机关或派出机构，提供便捷的法律服务；

建立专门处理农村特有纠纷的法庭或仲裁机构；推广法律援助，确保农村居民在面对法律问题时能够获得必要的帮助和支持；强化基层政府和社区组织在纠纷解决中的作用，推动多元化纠纷解决机制的发展。

4.推动农村司法信息化建设

随着科技的发展，信息化已成为提升司法工作效率的重要手段。农村司法信息化建设包括建立电子化的案件处理系统、在线法律咨询服务和数字化的法律资源库等。这些信息化手段可以大大提高司法工作的透明度和效率，为农村居民提供更加便捷的法律服务，同时有助于提升农村地区居民的法律意识和法治文化的普及。

5.加强农村法律人才培养

农村司法解纷的有效进行离不开专业法律人才的支持。这要求加强对农村地区法律专业人才的引进和培养，提高他们的专业技能和服务能力。在法律人才培养方面，可以通过建立健全的法律教育和培训体系，提供定期的法律培训和实践机会，吸引更多的法律专业人才服务于农村建设。

（二）加强人才队伍建设

推进农村治理过程法治化建设是实现乡村振兴和社会治理现代化的重要环节。其中，加强人才队伍建设尤为关键，涉及多方面的工作和策略。

1.加强农村法律人才引进和培养

加强农村法律人才的引进和培养是确保农村法治建设顺利进行的重要前提。这包括在高校和职业教育中加强法律专业教育，鼓励法律专业毕业生到农村地区工作，并为他们提供必要的职业发展支持和激励机制。通过建立奖学金、研究项目和实习机会，吸引优秀的法律人才参与到农村法治建设。

2.加强农村干部法治教育和培训

农村干部是推进农村治理法治化的关键力量，其法治意识和能力直接影响农村治理的效果。因此，加强农村干部的法治教育和培训至关重要。这可以通过定期组织法律知识培训、研讨会和案例分析会等形式，提高农村干部的法律素养和运用法律知识解决实际问题的能力。

3. 建立农村法律服务队伍

在农村地区建立专业的法律服务队伍，能够为农村居民提供更加专业、便捷的法律服务。这不仅包括传统的法律咨询和代理服务，还包括普法宣传、法律援助等。法律服务队伍的建立有助于提高农村居民的法律意识，及时有效地解决农村法律问题。

4. 加强农村智库建设

建立专门针对农村治理的智库，可以为农村治理法治化提供理论支持和政策建议。智库可以汇聚法律、经济、社会学等领域的专家学者，针对农村治理中的实际问题进行深入研究和分析，提出切实可行的解决方案。

5. 推进农村青年法治教育

农村青年是农村社会的未来和希望，其法治教育至关重要。通过学校教育、社区活动和媒体宣传等多种渠道普及法律知识，可以培养农村青年的法治意识，为其树立正确的法律观念打下坚实基础。也可以通过青年法治教育，培养未来的农村法治建设者和实践者。

（三）建立多元化解决机制

政府层面，须构建多层次的纠纷解决机制，如基层解决纠纷机制、村级仲裁机制、镇级人民调解机构和法院解决机制等，形成"一事多解""分级负责""错位处理"的机制。这种机制有助于针对不同类型和程度的纠纷提供相应的解决方案，保障农村社会的稳定与和谐。通过加强法治宣传和教育，提升村民的法律意识和素养，为农村治理现代化奠定坚实基础。社会组织应发挥其在社会调解中的重要作用，通过选派优秀调解员、引进专业机构等方式，强化社会调解力量，促进村民自治和依法治理，提升纠纷解决的效率，为构建和谐农村社会提供支持。

律师和法律专业人员在农村地区的作用尤为关键，能为居民提供专业的法律服务，维护居民权益，并在纠纷解决中提供专业建议。他们还能为当地政府和村委会提供法律支持，帮助其制定和实施符合国家法律法规的地方性法规和政策。

村民自治组织在建立多元化解决机制中扮演着重要角色。它们通过调解、仲裁、诉讼等方式解决纠纷，并根据具体情况选择最合适的解决方式。通过提高自治组织成员的法律和管理专业水平，加强解决社会矛盾的能力，并聘请专业人员提供支持和指导。建立公正、透明的纠纷处理机制，确保各方利益得到充分保障。

（四）增强公众参与意识

增强公众参与意识是推动农村社会治理法治化的重要环节。通过有效的宣传教育、咨询服务、公众参与强化和专业培训，可以显著提升公众在农村治理中的活跃度和影响力，进而推动农村治理现代化。

宣传教育是提高公众参与意识的基础。政府及相关组织应利用多样化的媒体渠道，如社交媒体、网络论坛等，普及农村治理司法解纷机制的知识，提高公众的认知度。通过开展相关的宣传活动，向公众传递农村治理的重要性和参与途径，激发公众的参与热情。

设立专门的咨询服务点，如乡镇政府、司法所、村委会等，为公众提供法律咨询和解答服务，是连接政府与公众的重要桥梁。这些服务点可以配备专业人员，为村民解答法律问题，提供信息和指导，增强公众对法律的认识和信任。强化公众参与，对提高司法解纷机制的有效性至关重要。政府和社会组织可以通过组织各类活动，如听证会、问卷调查、座谈会等，吸引公众直接参与到农村治理中来。这些活动不仅增强了公众的民主意识，还加强了社区居民的凝聚力和归属感，促进了社会的和谐与共建。

对农村居民、农村干部和基层司法工作者的培训，对提升其法律意识和解纷能力至关重要。通过定期的培训和教育活动，可以有效提高公众的法律素养，增强他们在农村治理中的参与度和影响力。

二、规范农村社会治理执法机制

严格规范农村社会治理的执法机制是维护公民权益、促进农村稳定和发展的重要手段，也是维护社会稳定和公共安全的重要手段。为实现农村社会治理法治化，需要将农村治理事务纳入法律范畴，让国家执法力量有效地介入农村社会，按照法律管理农村事务。这样可以确保农村治理更加规范、公正和透明，也有助于加强农村治理能力和提升治理效率，从而更好地满足人民群众的需求。农村治理的执法机制的规范化需要有如下措施，如图4-3所示。

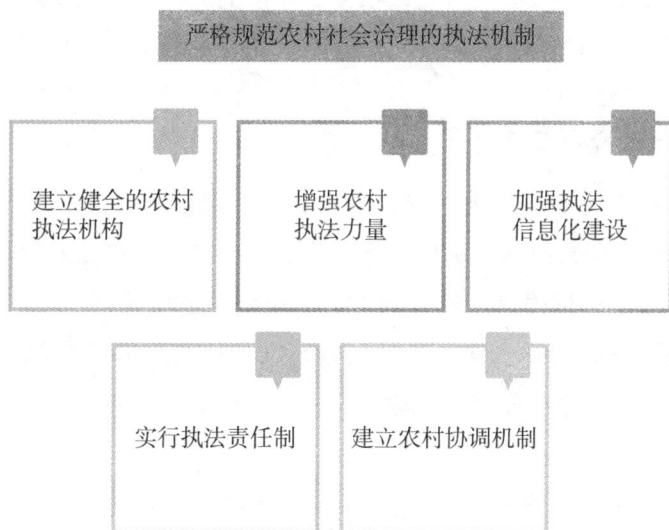

图4-3　农村治理执法机制的规范措施

（一）建立健全的农村执法机构

建立健全的农村执法机构是实现农村治理执法机构规范化的关键。农村执法机构是指在农村地区设立的专门负责农村治理执法工作的机构。其职责包括依法开展农村治理执法工作、维护社会稳定和公共安全、保障公民权益等。农村执法机构的设置需要根据农村治理的实际需要和情况进行科学规划和设计，充分考虑农村地区的特点和特殊需要。通常情况下，农村执法机构应该设置在乡镇政府、村委会等机构下面，以便协调和配合农村治理的其他工作。农村执法机构需要配备专业的执法人员，其人员数量和构成需要根据农村治理工作的实际需要进行科学配置。需要考虑到农村治理的领域、类型和特殊需要，选派具有执法经验和专业技能的人员，以保障执法工作的专业化和高效性。

农村执法机构主要工作内容是制定和执行农村治理执法的规章制度、依法查处农村的违法行为、保障公民的合法权益、维护社会稳定发展等，其依照法律法规授予的职权进行执法活动，其执法权力应该得到严格的限制和监督。农村执法机构的执法权力应该根据具体情况进行分工和制约，以保证执法行为的合法性和权威性。

（二）增强农村执法力量

增强农村执法力量是维护农村社会稳定、促进农村经济发展的重要举措，是实现农村社会治理执法机构规范化的措施之一。执法力量是指各级政府和执法部门依法行使执法权力的人员和设备，包括警察、法院、检察院、环保、安监、市场监管、食品药品监管、文化旅游、消防等执法人员和设备。他们的职责是保护公民的合法权益，维护社会安全和稳定，打击违法犯罪行为，促进社会和谐发展。

农村执法队伍建设是农村执法力量建设的重要组成部分。加强执法队伍建设，必须注重提高执法人员的素质和能力。可以通过培训、学习和考核等方式，提高执法人员的专业知识、执法技能和职业素养。应该加强对农村执法队伍的管理和监督，建立健全的考核评价机制，激励优秀执法人员，确保执法队伍的稳定和发展。现代化的执法设备和技术手段可以有效提高农村执法效率和准确性。可以通过采购和更新设备、引进先进技术和方法、提高信息化建设水平等方式，完善农村执法设备和技术手段，提高执法效率和准确性。

加强与公安、检察、法院等执法机构的协作和配合，可以实现信息共享、资源互补、责任共担，有效提高执法效率和水平。同时，建立健全协作机制和工作机制，明确各自的职责和任务，加强沟通和协调，推动执法工作的协同发展。还应注重执法机构之间的交流和学习，促进经验共享和执法标准的统一。

（三）加强执法信息化建设

1. 建立健全的执法信息化平台，实现信息共享和协同执法

现代科技的发展为农村执法信息化建设提供了广阔的发展空间。通过建立基于云计算、物联网、人工智能等技术的执法信息化平台，可以实现执法数据的集中管理、共享和传递，从而加强执法信息的共享和协同执法，提高执法效率和水平，进而为农村执法机构提供快捷、高效的工作方式。信息化执法平台可以整合各类执法数据，包括案件信息、执法人员信息、监督管理信息等，实现对各类数据的快速检索和分析。

通过信息化手段，可以将相关信息及时通报给农村治理各方主体，促进协调和联动，提高执法效率和准确性。

2. 加强执法数据采集和分析，提高执法决策水平和精准执法能力

随着信息化程度的不断提高，执法部门越来越需要利用数据采集和分析来支持他们的工作。通过应用数据挖掘和机器学习等技术，执法部门可以挖掘出有价值的信息，例如，犯罪趋势和模式、涉案人员之间的联系以及犯罪活动的地理分布等，这些信息可以帮助警方更好地预防和打击犯罪。执法部门应加强对执法数据的管理和保护，确保执法信息的安全和可靠。

3. 推进执法现场信息化建设，实现执法全流程信息化管理

执法现场信息化建设是实现执法全流程信息化管理的关键。应用移动终端、执法记录仪等设备，方便执法人员在现场采集证据，记录违法行为，并及时将数据传输到信息化系统中。这有助于提高执法效率和准确性，防止证据遗失或被损毁。执法人员可以通过信息化设备将执法现场数据录入到系统中，系统自动处理数据并提供分析报告，为执法决策提供参考。建立一个信息化系统，实现执法全流程信息化管理。这包括执法前、执法中和执法后的

信息化管理，从而提高执法效率和水平，降低执法成本，增强执法公正性和透明度。

执法现场信息化建设中的信息化系统可以记录执法过程中的所有信息，包括执法人员的行为和证据收集情况。这有助于保障执法公正性和透明度，避免执法不当和滥用执法权力的现象发生。

4. 推进电子证据应用，提高证据收集和处理能力

电子证据应用是提高证据收集和处理能力的重要手段之一。电子证据应用可以提高证据的采集和处理效率，缩短证据收集周期。加强对证据真实性、完整性和可信度的鉴定和评估，有效降低了错误和遗漏的风险，提高了证据收集和处理的能力。通过合理的技术措施，电子证据可以实现密封、保全、鉴定和审查，有效防范证据被篡改、丢失和破坏。电子证据应用可以帮助执法机构更加全面和准确地掌握案件的证据情况，有利于执法决策的制定和执行。电子证据应用也能够增加执法工作的透明度和公正性，为农村地区法治化的实施提供更有力的保障。

5. 强化信息化安全保障，确保执法信息的安全和可靠

制定相关的信息安全管理制度和规范，确保信息安全政策得到有效的执行，实施信息资产分类、风险评估和安全管理，建立信息安全事件应急预案，加强信息安全监控和审计等工作，确保执法信息的安全和可靠。通过组织培训、宣传教育等形式，提高执法工作人员的信息安全意识和能力。定期开展信息安全审计工作，对执法信息系统的安全性、完整性、可靠性和合规性进行全面的评估和审计，发现和排除潜在的安全隐患。

6. 加强执法信息公开和监督，推动执法公开透明化

执法信息公开和监督是农村执法信息化建设的重要保障。可以通过建立健全的执法信息公开制度，加强执法信息的公开和透明，推动执法公开透明化。还应加强执法信息的监督和评估，定期公布执法信息公开和监督情况，接受社会监督和评价，不断提升执法工作的质量和效果。

（四）实行执法责任制

实行执法责任制是指在农村执法中，建立起一套清晰、严格的责任分工和监督机制，明确各级执法机关、执法人员在执法过程中的职责和权利，以及对其执法行为的监督和评价制度。

执法责任制的实行可以明确各级执法机关和执法人员在执法中的职责和权利，保障其正常行使执法权力的合法性和有效性；可以建立一套完善的监督机制，对执法机关和执法人员的执法行为进行监督和评价，及时发现和纠正执法中的不足和问题，提高执法水平和效率。保证执法机关和执法人员的执法行为公正、公平、公开，减少不当行为和违法违规行为，增强执法公信力，进而促进法治建设，提高全社会的法律意识和法治观念，加强对法律的尊重和遵守，推动社会和谐稳定发展。

1. 建立执法机关内部的职责分工制度

执法机关内部应建立清晰的职责分工制度，明确各级执法机关和执法人员在执法中的职责和权利，建立执法机关的组织架构，并在各级机关和执法人员之间分配任务和责任。这有助于明确各级执法机关和执法人员在执法过程中的职责，避免执法责任混淆，提高执法效率和公正性。

制定各项执法工作的标准操作流程和执法规范，例如，对涉及证据收集、现场勘查、调查取证等方面的操作流程进行详细规定，进而有效地防止执法行为的不规范性，减少执法不当的风险，提高执法的效率和准确性。还应当有内部监督和管理部门，管理和监督部门对于农村治理执法也十分重要。设立监察部门或内部纪检机构，对执法人员的执法行为进行监督和检查，发现问题及时处理，确保执法的公正性和合法性，进而保障农村民众的合法权益。

2. 实行执法责任追究制度

执法机关应建立完善的执法责任追究制度，对执法人员的执法行为、工作流程、资料记录等方面进行规范。并制定严格的违法违规行为处罚机制，对违法违规执法行为进行追责和惩处，其处罚机制不限于追责、罚款、停职、开除等，从而提高执法机关和执法人员的法律意识和责任感，确保执法工作的合法性和公正性。

3. 加强对执法人员的培训和考核

执法机关应该制订明确的培训和考核计划，包括培训的内容和形式、考核的标准和方法等。培训和考核计划应该与执法工作的实际需求相结合，确保培训和考核的针对性和实效性。除了传统的课堂培训，执法机关可以采用多种形式的培训方式，例如，现场教学、案例分析、角色扮演等，以提高执法人员的学习兴趣和积极性。

执法机关还应建立完善的考核制度，包括定期的考核、不定期的抽查和突击检查等。考核的标准应该明确、公正、客观，能够反映执法人员的执法能力和业绩水平。对于表现优异的执法人员应当予以表彰和激励，而对于表现不佳的执法人员应当采取相应的处罚措施或者进行重新培训。

4. 加强对执法机关的监督和评价

社会各界可以通过投诉举报、申诉、公开听证、公开公示等方式对执法机关和执法人员的执法行为进行监督和评价，及时发现和纠正执法中的不足和问题。执法机关还应主动接受上级监督和群众监督，建立健全内部监督机制，对执法行为进行自我纠正和自我完善。执法机关应当定期向社会公布执法工作的情况和执法机关的工作成效，接受社会监督和评价，增强公众对执法工作的信任和支持。

5. 加强执法机关的沟通和协作

加强沟通和协作是实现执法工作合法性和公正性的重要手段。在实践中，执法机关应建立各种会议制度，包括定期会议、专题会议、现场会议等，根据共同关注的问题进行讨论和协商，进而增进彼此之间的沟通和理解。

加强各部门之间的信息共享也非常重要，执法机关可以建立信息共享平台，及时分享涉及执法工作的相关信息和情况，以确保执法工作的高效和公正。执法机关还应加强与社会组织的联系和沟通，鼓励社会组织积极参与执法工作，提供咨询和支持服务，共同推动执法工作的开展，增强社会对执法工作的理解和支持。

（五）建立农村协调机制

建立农村协调机制是加强农村执法力量建设的重要举措，可以有效提高农村执法工作的效率和质量，促进农村社会治理体系和治理能力现代化。

1. 建立协调联络机制

协调联络机制是农村协调机制的重要组成部分，可以促进农村执法机关和村民自治组织之间的联系和沟通，增强彼此之间的理解和信任，促进协作和共同发展。具体来说，可以通过定期召开联席会议、建立信息共享平台、组织联合执法等方式建立协调联络机制。通过这些措施，可以及时了解农村社会治理中的重点难点问题，共同商讨解决方案，推进农村执法工作的开展。

2. 建立协调机构

在农村执法工作中，涉及不同部门和不同层级的协调合作，因此，建立协调机构可以协调各方资源和力量，提高工作效率和质量。具体来说，可以建立农村综合治理协调机构，该机构可以由农村执法机关、农村社区组织、农村公共服务设施、社会组织等各方组成，负责统筹协调农村社会治理各项工作，制订农村综合治理计划和年度工作计划，组织实施和监督工作进展。

3. 建立农村执法培训机制

为了提高农村执法工作的水平和能力，建立农村执法培训机制是必不可少的。通过建立执法人员培训基地、组织专业培训、制订培训计划等方式，提高农村执法人员的专业水平和综合素质，使其具备更好的执法能力和工作态度。通过向村民普及法律知识、开展法律宣传等方式，提高村民的法律意识和自我保护能力。

4. 建立考核评估机制

建立考核评估机制是推进农村执法工作的重要手段，可以对农村执法工作进行全面监督和评估，及时发现问题和不足，并加强对农村执法工作的管理和指导。通过建立考核评估机构、制定考核标准和考核方法、组织实施考核评估等方式，对农村执法机关和执法人员进行定期考核和评估，发现问题和不足，采取针对性措施加以改进和完善。也可以向社会公开考核结果，提高农村执法工作的透明度和公信力。

三、建立农村司法执法责任追究机制

在农村社会治理体系中，建立一套完整的司法执法责任追究机制，对于确保执法行为的正当性、规范性及效率至关重要。此类机制之建立，旨在从根本上抑制执法过程中的不正当行为与执法权力的滥用现象，进而为农村社会的有效治理提供坚实保障。

为此，必须从责任追究主体的明确及责任追究程序的健全两方面着手。具体如表4-1所示。

表4-1 司法执法责任追究体系

分类	部门、程序过程	具体措施
责任追究主体	政府机关	负责制定和完善法律法规及政策措施，规范农村社会秩序，加强对农村基层组织的建设和管理，推动治理能力提升
	司法执法人员	负责调查取证、判定责任、认定事实，提出起诉或处罚建议，维护法律和社会秩序
	被告人	作为责任追究的直接对象，应积极配合司法机关工作，表达观点，提供证据
	社会组织和个人	承担责任追究的义务，积极参与农村法治化，维护社会秩序，保障人民权益
责任追究程序	程序手段	依据法律法规对违法行为进行追责，确保程序的完善和合法性
	奖惩机制	建立内部奖惩机制，激励优秀行为，惩戒不良行为，推动法治建设
	机制原则	注重公正公平、透明公开、及时有效、针对性和合理性，动态调整，增强公众信任，遏制腐败和不公行为，有效约束行为，调动积极性

责任追究主体的明确涉及多个层面。政府机关在这一体系中扮演着核心角色，负责制定和完善法律法规以及政策措施，以此规范农村社会秩序。政府机关还需加强对农村基层组织的建设和管理，推动农村基层治理能力的提升。而司法执法人员则作为维护法律和社会秩序的重要力量，其职责包括调查取证、判定责任、认定事实，并根据法律规定，提出起诉或处罚建议。被告人作为责任追究的直接对象，在司法追责机制中应积极配合司法机关工作，表达自己的观点并提供证据。最后，其他社会组织和个人也承担着责任追究的义务，应积极参与农村法治化，为维护社会秩序和保障人民权益做出贡献。在健全责任追究程序方面，需通过程序手段完善责任追究机制，依据法律法规对违法行为进行追责。内部奖惩机制的建立亦至关重要，旨在激励优秀行为和惩戒不良行为，从而更有效推动法治建设。在奖惩机制的建立中，应注重公正公平、透明公开、及时有效、针对性和合理性以及动态调整。这些措施有助于增强公众对奖惩制度的信任，遏制可能出现的腐败和不公行为，也能够有效约束公众行为，充分调动其积极性。

四、推进农村社会治理监督机制

（一）落实信息公开的民主监督机制

落实以信息公开为前提的民主监督在农村治理中扮演着极其关键的角色。这一机制的有效运作，不仅保障了农村社会的法治实现，还为防止权力滥用提供了重要保障。农村民主监督的核心在于确保监督机构的设置健全、履行民主监督的职责以及严格执行民主监督的形式。

在监督机构设置方面，村务监督委员会的建立和完善是关键。这要求监督委员会的成员由村民依法选举产生，以确保选举的公正性和有效性。监督委员会的成员应具备必要的理财、管理、法治知识，以提高监督的专业性和权威性。监督机构需拥有充足的监督权力，包括查阅村务管理的相关文件、账目和资料，以及开展随机抽查和定期审计等。监督机构应及时处理和回应村民的监督举报，确保村民的合法权益得到维护，同时加强与村民自治组织和政府相关部门的沟通协作。在履行民主监督职责方面，加强村民自治宣传教育显得尤为重要。通过教育提高村民的自治意识和民主参与意识，引导他们积极参与监督，确保监督工作的有效开展。需要完善监督机制，选举出具备专业知识和经验的村民担任监督委员会成员。村民自治委员会应积极开展信息公开工作，主动向村民公开村务公开事项，通过公开制度提高村民的知情权和监督权。在严格执行民主监督形式方面，村务公开、民主评议和村委会定期报告是关键环节。村委会应切实落实村务公开制度，保证公开的及时性、全面性和真实性。民主评议中，村民可对村委会工作进行评价和评估，帮助发现和解决问题。村委会应定期报告工作情况，接受村民代表的监督和建议，增强决策的公正性和合理性。

（二）建立健全农村干部法治能力考评机制

习近平总书记指出，"要把法治建设成效作为衡量各级领导班子和领导干部工作实绩重要内容，把能不能遵守法律、依法办事作为考察干部重要依据"①。这一指示明确了农村基层干部在法治建设中的重要性，提出了建立以法治为主要内容的考评机制，以规范农村党员干部的治理行为，增强其依法治理的观念和能力。

建立健全农村干部法治能力考评机制，需注重以德、能、勤、绩、廉、法为核心的评价指标的具体化标准。在此基础上，强化民主考评方式，增加同级评价、下级评价、群众评价在考评打分中的权重，以及通过民意调查和制作纪实等手段，客观反映村级干部在法律意识、法律遵守和法律运用方面的水平。这些措施旨在量化干部的依法治理成效，为农村基层干部提供更为明确的发展、培育和考评方向。

在实施考评机制时，考评标准的明确化和权重分配方案的制定显得尤为重要。通过对干部的道德品质、工作能力、勤奋程度、业绩成果、廉洁自律和法治素养的综合评估，可以全面地衡量干部的表现。进一步地，考核过程中应重视群众的参与度及其对干部的客观评价，确保考核结果的科学性和客

---

① 习近平.习近平谈治国理政：第二卷[M].北京：外文出版社，2017：116.

观性。对于表现优异的干部，给予正面激励和表彰，对于表现不佳的干部，实施公正的惩戒和改进措施，以促进干部的全面发展和提升。

建立正向激励与反向惩罚相结合的考评机制是提升农村干部法治能力的关键。这一机制能够有效区分表现优异和不佳的干部，通过物质和精神奖励以及必要的处罚措施，激励干部依法行使权力、为群众谋福祉，也对违法乱纪的行为产生震慑效果。在执行惩戒措施时，应遵循法治原则，确保程序的公正和合法性，同时为干部提供改正和自我提升的机会，促进其成为合格的法治型干部。通过这一机制的实施，可以有效推动农村干部队伍的法治素养提升，从而为农村社会治理的稳定与发展提供坚实基础。

第五章 农村社会治理的社会保障体系

第一节 农村社会治理中社会保障体系的特征及主体

中华人民共和国成立 70 多年来，我国的社会保障制度作为乡村振兴战略实施的重要内容，以其自身功能和特点在参与农村社会治理中发挥着重要功效[①]。为了更加积极面对各类不同挑战及问题，在整个农村社会的治理中必须不断对新路径进行全面探索，比如治理现代化理念就是针对目前各类治理困境的有效应对措施[②]。2019 年，党的十九届四中全会审议通过了《中共中央关于坚持和完善中国特色社会主义制度推进国家治理体系和治理能力现代化若干重大问题的决定》，可以理解为乡村振兴战略与农村社会保障制度在国家治理现代化基础上有一致的发展目标并有一定的契合性。

一、农村社会治理中社会保障体系构建的背景

农村社会治理保障体系构建的背景深刻体现在国家治理现代化的要求和乡村振兴战略的深入实施中。中国特色社会主义乡村振兴道路的走向，强调

---

① 郑晓莹，李德华．基于乡村振兴战略下的社会保障参与农村社会治理研究 [J]．管理研究，2021（2）：15-26.

② 刘晓娟．乡村振兴战略背景下社会保障参与农村社会治理路径分析 [J]．农家参谋，2022（11）：25-27.

解决好"三农"问题,即农村、农民和农业问题,这些均为农村社会治理提供了新的发展方向。随着社会经济的快速发展,农村居民的生活水平逐渐提高,对社会保障服务的需求日益增强,这在客观上推动了农村社会保障体系的必然形成和发展。

在国家治理体系现代化的大背景下,农村社会保障不仅是改善民生的重要组成部分,更是国家治理现代化的一项关键任务。农村社会保障体系的完善,能够为农村居民提供更加全面和有力的社会服务,从而有效提升农村居民的幸福感和获得感,进一步推动实现共同富裕的目标。当前,我国农村社会保障体系虽已基本实现全面覆盖,但仍需不断发展和完善,以适应社会经济发展带来的新要求和挑战。

社会保障参与农村社会治理的过程,既是深化乡村振兴战略的重要途径,又是提高农村公共组织社会治理能力的有效手段。在这一过程中,需要深刻理解国家治理体系与治理能力现代化的整体内涵,不断探索和完善社会保障与农村社会治理融合的体制机制。这一探索不仅涉及社会保障政策的调整和完善,还包括对农村公共组织治理结构的优化和创新,以及对农村社会治理能力的提升。这些措施可以有效促进乡村振兴战略的实施,推动农村社会的可持续发展,最终实现社会保障参与农村社会治理的显著成效。

二、农村社会治理中社会保障体系的特征

(一)社会保障参与乡村社会治理是乡村振兴战略的必然要求

社会保障参与乡村社会治理在乡村振兴战略中扮演着至关重要的角色,其核心在于通过改善农村居民的生活质量、注重公平和共享社会发展成果,来推动乡村振兴战略的实施。这一策略的实施不仅与乡村振兴战略的目的相衔接,而且已成为农村公共组织进行社会治理的重要方式。

尽管农村社会治理在多方面取得了显著成效,但仍存在不少缺陷,尤其是在社会保障体系方面。农村社会保障治理在整个农村社会治理体系中具有基础性地位,它直接关系到农村居民的基本生活保障和社会福利,是农村

社会稳定和持续发展的基石。因此，让社会保障参与到农村社会治理中，已成为国家推进乡村振兴战略实施的必然要求。社会保障的参与，可以有效提升农村居民的生活水平，增强他们对乡村振兴战略的信心和支持。社会保障体系的完善和优化有助于缩小城乡差距，促进社会公平和正义。这不仅意味着对农村居民的直接资助和帮助，更意味着为他们提供更多的发展机会和条件，如教育、医疗、就业等方面的支持和保障。

在乡村振兴战略的推进过程中，社会保障的作用不可忽视。它不仅能够帮助解决农村居民的基本生活问题，还通过提升农村居民的整体福祉，增强他们的幸福感和获得感，从而促进社会和谐稳定。因此，社会保障参与农村社会治理是乡村振兴战略实施的必然要求，也是实现农村可持续发展的关键途径。通过不断完善社会保障体系，可以为乡村振兴提供坚实的社会基础，促进农村社会的全面进步和发展。

（二）社会保障参与农村社会治理是一种服务治理

社会保障参与社会治理，本质上是一种服务治理，其核心在于以人为本，致力于保障和改善人民的基本生活条件。这种治理模式强调的是对人的服务，其目的在于通过提供必要的社会保障，促进社会的公平和正义，同时增强公共组织的服务能力和治理效能。

社会保障策略不仅关系到农村居民的基本生活保障，更是推动农村社会治理现代化的关键环节。社会保障制度的完善和优化，能够直接提高农村居民的生活质量，从而增强他们对农村发展政策的支持和满意度。社会保障在农村社会治理中的应用，也是对农村基层公共组织服务能力的一种提升，有助于提高这些组织在处理社会问题、促进社会和谐方面的效能。

社会保障作为服务治理的一种形式，在农村社会治理中发挥着关键作用。它不仅为农村居民提供了基本生活的保障，还促进了公共服务的公平性和有效性。这种以人为本的社会保障体系，不仅是维护农村居民社会权益的重要途径，也是实现农村社会长期稳定和可持续发展的基础。

（三）社会保障参与农村社会治理是法律制度下的治理

社会保障参与农村社会治理是在法律制度的框架下进行的治理活动，其核心在于依据法律的规定和要求，确保社会保障政策的有效实施。法律制度为社会保障的参与提供了必要的依据和指导，确保了社会保障政策的合法性和正当性。在农村社会治理中，社会保障制度的实施不仅需要考虑法律的规定，还需充分考虑农村社会的基本结构和特点，确保社会保障政策能够有效地满足农村居民的需求。

在法律制度的框架下，基层政府组织在推行社会保障政策时，必须将农村社会的特点作为政策实施的重要参考。这要求政策制定者和执行者深入理解农村社会的具体情况，包括农村居民的生活状况、社会关系结构以及经济发展水平等，以此为基础，设计和实施符合实际需要的社会保障政策。社会保障制度的实施还需要有力地抵御可能存在的消极环境因素，如资源分配不均、信息不对称等问题，确保社会保障参与农村社会治理能够有效地实现其既定目的和治理效果。

社会保障参与农村社会治理是一种在法律制度下的治理方式。这种治理方式强调了法律的重要性和指导作用，也体现了对农村社会实际情况的深刻理解和尊重。通过法律制度的指导和支持，社会保障政策不仅有效地满足了农村居民的基本生活需求，还促进了农村社会的和谐与稳定，为乡村振兴战略的实施提供坚实的社会基础。

三、社会保障参与农村社会治理的多元主体

在社会保障参与农村社会治理的过程中，除了需要明晰其依托的法律和政策框架外，还需重点关注治理主体的明确。主体的多元化是社会治理的重要特征[1]。这一过程应涵盖多元的治理主体，包括政府机构、村级组织干部、基层经办服务人员、村民及社会组织等。这种多元主体的参与和互动，是实现农村社会治理协同化的关键。

---

① 张康之.论主体多元化条件下的社会治理 [J].中国人民大学学报，2014，28（2）：2-13.

我国的社会治理是国家主导下的社会治理，政府在治理过程中发挥主导作用①。社会保障在农村社会治理中的角色和效能，尤其在乡村振兴战略的实施过程中，显得愈发重要。政府在此过程中担任着关键的推动者和监督者角色，其主要职责包括制定相关社会保障政策、提供必要的资源支持，并负责这些政策的直接执行或监督。政府需制定全面的社会保障规划，确立各治理主体的权限与责任，并明确目标完成的标准。例如，农村社会救助、社会保险及社会福利等政策的制定，基本由政府完成。政府的财力和物力支持对于农村养老院、幸福院及基础设施的建设与运转，以及低保户、五保户的补助至关重要，体现了政府在农村社会保障体系中作为"主要出资者"的地位。政府还承担着监督者的角色，负责监督社会保障政策的实施过程，确保各环节的有效性，保障整个治理过程的良性运转。

在社会保障参与农村社会治理中，村组干部是重要的中坚力量。他们既是连接政府与农村居民的桥梁，又是社会保障政策的主要实施者。村组干部的职责涵盖了从政策宣传、参保动员到保费收缴及社会福利提供等多个方面。随着我国农村社会保障体系的逐渐完善，村组干部所负责的工作领域也日趋固定，也会随着社会保障制度的变化而出现新的工作内容。无论是常规性工作还是新兴工作，社会保障政策在农村的实施都应遵循科学性、完整性和公平性的原则，这些原则的实现与否直接影响到社会保障政策的实施效果及农村社会的稳定性。例如，农村低保对象的筛选和审核过程若不规范、不科学，就难以满足村民对公平的期待，还可能引发不满情绪甚至群体性事件。因此，村组干部在社会保障政策实施中的作用不容忽视。

政府在社会保障参与农村社会治理过程中通常在宏观层面把握和制定农村社会保障制度实践的共性问题。对于农村社会保障的个性问题，通常需要依赖于村组干部的具体操作和协调解决。这一点凸显了在社会保障参与农村社会治理中，政府与村组干部之间的协作关系及其重要性。政府的策略制定和资源提供与村组干部的具体实施和反馈，形成了一种相互依赖、相互补充

---

① 郁建兴，关爽.从社会管控到社会治理：当代中国国家与社会关系的新进展 [J]. 探索与争鸣，2014（12）：7-16.

的关系，共同推动社会保障政策在农村地区的有效实施，以此确保乡村振兴战略的顺利进行。

村组干部在农村社会保障政策的执行与资源分配中扮演着至关重要的角色。然而，由于村组干部人数有限且事务繁重，很多时候他们难以独立承担所有社会保障任务。因此，基层经办服务人员的介入成为必要。在具体的实践中，例如，城乡居民基本养老保险的执行，通常会借助农村中文化程度相对较高的人员兼职进行经办服务。这些基层经办服务人员虽与村组干部的工作性质相似，但主要集中在工作量较大的福利项目上，其职责局限于信息采集和经办，几乎不涉及决策制定。作为政府部门在农村基层的代表，基层经办服务人员既是社会保障政策的延伸，又是农村社会治理的重要合作伙伴，在特定情况下，他们能够发挥关键作用。

村民作为农村社会保障的直接受益者，其在社会保障参与农村社会治理中的作用同样不容忽视。公民参与和政策之间的关系可以被分为无参与、象征参与和公民权利三个阶段，其中包括操纵、治疗（无参与阶段）、告知、咨询、安抚（象征参与阶段）以及伙伴、授权、公民控制（公民权利阶段）。在社会保障参与农村社会治理的过程中，村民应当处于公民权利这一阶段。为了实现社会保障在农村社会治理中的良性循环和可持续发展，村民应该从传统的被动接受者角色转变为积极的参与者。他们不仅需要接受来自政府和社会组织提供的社会保障资源，更应积极参与到社会保障政策的实施中，主动利用有利条件提升自身能力，增加个人收入，改善生活条件。

第二节　农村社会治理中社会保障体系的价值

社会保障在农村社会治理中的参与，对于新时期我国治理现代化建设具有深远的现实价值和意义。作为一种创新的社会治理模式，社会保障的参与不仅为我国农村社会治理开辟了新的路径，而且明确指出了农村社会治理的发展方向，为构建具有中国特色的农村社会治理体系提供了新的视角。

社会保障在农村社会治理中的参与有助于减轻基层政府组织的治理压

力。通过提供各种社会保障服务，政府能够更有效地应对农村居民的多样化需求，创造一个更加稳定和谐的社会环境。这对于乡村振兴战略的顺利实施具有重要的推动作用，有助于实现农村的内生性发展。社会保障的参与还能够提高基层政府在提供公共服务方面的能力，同时提升公共服务的供给质量。在这个过程中，基层政府不仅能够更好地理解和满足农村居民的需求，还能够通过优化服务内容和方式，提高服务效率并提升效果。社会保障参与农村社会治理的现实价值具体表现在以下三个方面，如图 5-1 所示。

图 5-1　农村社会治理中社会保障体系的价值

一、提供精准社会保障公共服务

（一）刺激农村居民消费，推动经济发展

社会保障体系通过确保农村居民的基本生活需求得到满足，从而释放了他们的消费能力。这种消费能力的提升不仅体现在日常生活的基本支出上，还能够扩展到更广泛的消费领域，如改善住房条件、教育投资、医疗保健等。随着农村居民生活水平的提高，他们对高质量商品和服务的需求也相应增长，这反过来促进了本地及周边地区的经济活动，创造了更多的就业机会，形成了一种良性的经济循环。因此，社会保障在农村地区不仅是一种基

本生活保障机制，更是促进经济发展和社会进步的重要推动力。

社会保障体系在促进农村经济发展的同时，也为乡村振兴战略的实施创造了有利的经济环境。乡村振兴战略的核心在于通过全面提升农村地区的经济、社会、文化和生态环境，实现农村的全面振兴。在这一过程中，社会保障体系通过提升农村居民的消费能力和生活质量，间接地促进了农村基础设施的改善、农业的现代化以及农村文化的繁荣，从而推动了农村地区的全面发展。

（二）满足长期发展需求，保障公平合理社会分配

社会保障体系在农村社会治理中的重要性不仅体现在满足短期需求上，更关键的是在于保障农村居民长期发展的需求，并确保社会分配的公平与合理。通过提供精准的社会保障服务，可以有效地解决农村居民在教育、医疗、养老等方面的长期需求，这对于促进农村地区的整体发展和提升居民生活质量具有重要意义。农村居民通过获得必要的社会保障，能够更好地参与到社会经济活动中，提高自身的生活水平，从而推动社会整体的繁荣与进步。

社会保障在确保社会分配公平与合理方面的作用不容忽视。在农村社会治理中实施精准的社会保障措施，有助于缩小社会不平等，减少因资源分配不均而引起的社会矛盾。通过对弱势群体的关注和支持，可以确保社会资源的合理分配，促进社会公平和正义。这样的社会保障体系不仅是对农村居民基本权利的保障，更是社会稳定和和谐发展的基石。

二、推动城乡社会保障融合发展

随着我国城乡现代化建设步伐的加快，城乡社会保障发展逐渐呈现出并轨发展的态势[①]。城乡社会保障融合发展主要体现在以下四方面。

---

① 康永征，王华. 城乡融合背景下新型城镇化的发展转向 [J]. 山西高等学校社会科学学报，2018，30（8）：43-46.

（一）促进教育资源均衡发展

农村社会治理保障体系在推动城乡社会保障融合发展中，对教育资源的均衡发展起着至关重要的作用。教育作为社会发展的基石，其资源的均衡配置直接关系到社会的长远稳定和谐发展。在我国农村地区，由于各种历史和现实因素的影响，教育资源相对于城市来说存在一定的短缺和不平等。这种差距的存在不仅限制了农村居民尤其是青少年的发展潜力，也成为阻碍社会整体进步的重要因素。

社会保障体系在促进教育资源均衡发展方面的作用主要体现在以下三个方面。首先，通过社会保障体系的资金支持，可以有效地改善农村地区的教育基础设施，包括学校建设、教学设备更新、教育信息化等方面。这种硬件的提升为农村地区的教育质量改进提供了必要的物质基础。其次，社会保障体系对农村教育的支持还包括师资力量的引进和培养。通过提供教师培训、奖励激励等措施，可以提升农村教师的教学水平和教育热情，同时吸引更多优秀教育人才到农村地区任教。优质的师资队伍是提升教育质量的关键，对于缩小城乡教育差距具有重要意义。最后，社会保障体系还能够为农村地区的学生提供更多的学习机会和教育支持。例如，通过设立奖学金、助学金等方式，帮助经济困难的农村学生顺利完成学业。这不仅缓解了农村家庭的经济压力，也为农村学生提供了平等接受教育的机会。

教育资源的均衡发展对于促进人才资源的合理流动和社会整体进步具有深远影响。公平和高质量的教育能够培养出更多具有创新能力和实践技能的人才，这对于农村地区乃至整个社会的经济发展和进步至关重要。农村地区的学生通过获得良好的教育，不仅可以提升自身的生活水平，还能为社会的发展贡献自己的力量。

（二）改善农村医疗卫生条件

医疗卫生服务作为基本公共服务之一，直接关系到农村居民的健康和生活质量。加强农村医疗设施建设，提高医疗服务水平，不仅能够提升农村居民的健康状况，还有助于平衡城乡医疗资源，实现资源的有效融合与共享。

加强农村医疗设施建设和提高医疗服务水平对于缩小城乡健康差距具有重要意义。历史上，由于经济和资源的限制，农村地区在医疗设施和医疗服务方面与城市存在较大差异。这种差异不仅影响了农村居民的健康水平，也加剧了城乡居民之间的不平等。通过建设更多的医疗卫生设施，如乡镇卫生院、村卫生室等，并配备必要的医疗设备和药品，可以有效改善农村地区的医疗环境。提升医疗服务水平，包括增加医疗人员的数量、提高医疗人员的专业技能，能够确保农村居民在本地就可以获得高质量的医疗服务。

改善农村医疗卫生条件还能够提升农村居民的整体健康水平。健康是最基本的人权，也是社会发展和人类幸福的基础。农村居民健康水平的提升，不仅能够减少疾病的发生，降低医疗费用的支出，也能够提高劳动生产率，增强农村地区的经济发展潜力。农村居民健康水平的提升还能够减轻城市医疗系统的压力，通过实现城乡医疗资源的有效融合与共享，优化整个社会的医疗卫生资源配置。

进一步而言，农村医疗卫生条件的改善对于促进社会公平和正义具有深远的影响。医疗卫生服务作为基本公共服务，应当是每个公民都能够平等享受的权利。提高农村医疗服务水平，确保农村居民能够享受到与城市居民同等质量的医疗服务，这不仅是对农村居民基本权利的保障，也是社会公平和正义的体现。通过这样的措施，可以有效地减少社会不公和不平等现象，促进社会的和谐稳定。

（三）增强农村社会保障的可持续性

可持续性不仅关乎社会保障体系本身的长期有效运作，更关系到农村社会经济的健康发展。为了实现这一目标，必须深入考虑如何促进农村经济的多元化发展，以及如何提升农村居民的自我发展能力。

传统的农村经济模式主要依赖于农业，但随着社会的发展和技术的进步，单一的农业经济已难以满足农村居民日益增长的经济需求和提高生活质量的愿望。因此，需要通过多种途径促进农村经济的多元化，例如，发展农村旅游、特色种植业、农村工业以及电子商务等新型经济模式。这些多元化的经济活动不仅为农村居民提供更多的就业机会和收入来源，还促进了地方经济的发展。

随着经济的发展和社会的变化，农村居民面临着新的机遇和挑战。为了农村居民更好地适应这些变化，为其提供职业培训、创业指导等服务是非常必要的。职业培训可以帮助农村居民提升自身的技能和知识水平，增强其就业和创业的能力。而创业指导则可以提供必要的信息、资源和技术支持，帮助有创业愿望的农村居民成功开展自己的业务。这些措施不仅能够帮助农村居民提高自身的经济收入，还能够激发他们的创新精神和主动性，促进个人的全面发展。

增强社会保障体系的可持续性还需要建立一个合理有效的社会保障机制。这意味着社会保障体系应当既能够满足农村居民当前的需求，又要考虑到未来的发展。这需要政府、社会组织和农村社区等多方面的共同努力，通过制定合理的政策、优化资源配置以及创新服务模式，共同推动社会保障体系的完善和发展。

（四）强化城乡社会保障的互联互通

强化城乡社会保障体系的互联互通目标的实现，不仅有助于确保城乡居民享有同等的社会保障权益，还能够促进社会保障体系的整体协调与高效运作。在构建统一的社会保障信息平台方面，这一措施的重要性不容忽视。统一的信息平台能够实现城乡之间社会保障信息的有效流通与共享，从而确保所有居民，无论是城市居民还是农村居民，都能够便捷地获取社会保障服务，并享受到相同的权益。这样的平台不仅包括传统的物理服务网络，还应涵盖电子化、网络化的服务方式，以适应现代社会的发展趋势。例如，通过在线服务平台，居民可以远程查询自身的社会保障信息，申请各项社会保障服务，这不仅提高了服务效率，还降低了居民获取服务的时间和经济成本。

优化政策设计和实施机制也是实现城乡社会保障融合的重要环节。政策设计应充分考虑城乡之间的差异，尽量减少这些差异对居民权益的影响。例如，针对农村特有的社会经济环境，设计符合实际情况的社会保障政策，确保农村居民能够根据自身的需求和条件享受到合适的社会保障服务。在政策实施过程中，需要确保政策的执行既公正又高效，同时需要对政策实施过程进行持续的监督和评估，确保政策的实施能够达到预期的效果。

推动城乡社会保障体系的融合发展还需要多方面的努力和协作。政府部门应发挥主导作用，加强与社会组织、企业以及居民的沟通与合作，共同推动社会保障体系的优化和发展。通过这种跨部门、跨领域的合作，可以更好地理解和满足城乡居民的需求，提升社会保障服务的覆盖面和满意度。

三、应对新时期农村社会治理中的挑战

（一）农村剩余劳动力转移至城市

社会保障体系在应对农村剩余劳动力转移至城市所带来的挑战方面发挥着关键作用。这一过程涉及的主要问题包括农村地区养老保障的削弱、家庭照护功能的减退以及对农村社会结构的影响。社会保障体系通过以下四个方面的作用，可以有效地应对这些挑战：

（1）养老保障机制的改进：随着农村劳动力向城市转移，传统以家庭为基础的农村养老模式受到挑战。社会保障体系可以通过提供稳定的养老保险和养老服务，弥补家庭照护的不足。这包括建立健全农村养老保险体系，确保农村老年人口获得稳定的经济支持；同时，发展社区或农村级的养老服务设施，提供日常照护、医疗卫生服务等。

（2）促进劳动力的合理流动：社会保障体系可以通过提供失业保险、职业培训等措施，帮助农村劳动力平稳地转移到城市就业。这种支持不仅包括经济上的保障，也涉及技能培训和就业指导，帮助农村劳动力适应城市的就业环境，提高他们的就业竞争力。

（3）稳定农村社会结构：社会保障体系的作用还体现在稳定农村社会结构上。通过提供必要的社会福利，如医疗保健、教育支持等，可以缓解因劳动力流失带来的农村社会问题，如留守儿童和老人的照护问题。这也有助于减轻因经济压力而导致的城乡差距。

（4）促进城乡一体化发展：社会保障体系通过提供统一的、覆盖城乡的保障政策，可以促进城乡一体化发展。这包括确保农村劳动力在城市就业时能享受与城市居民同等的社会保障权益，如医疗保险、养老保险等，从而消除城乡间的社会保障差距。

（二）社会保障的"保基本"原则与多元主体共同参与

农村社会治理保障体系在促进社会保障的"保基本"原则履行以及多元主体共同参与社会治理方面发挥着重要作用。这一体系不仅确保了农村居民基本生活需求的满足，还加强了社会各方在治理中的共同参与，形成了更为全面和有效的治理模式。

农村社会治理保障体系通过提供基础的社会保障服务，如养老保险、医疗保障、教育支持等，确保了农村居民的基本生活权益。这种保障不仅涉及经济援助，还包括必要的社会服务，确保农村居民在面临疾病、失业、教育等问题时能够获得相应的支持。通过这样的措施，农村社会治理保障体系有效地减少了贫困和社会不公，提高了农村居民的生活水平，促进了社会的整体稳定与和谐发展。在多元主体共同参与社会治理方面，农村社会治理保障体系鼓励和促进了政府、社会组织、企业和农村居民等多方的共同参与。政府作为主导力量，制定和实施政策，提供必要的资源支持。社会组织和企业则通过各自的资源和专长，参与到农村社会服务的提供中，如慈善活动、社区服务等。农村居民也被鼓励参与到社会治理中，通过参与决策、监督和评价等形式，提高社会治理的透明度和公正性。这种多元主体的参与不仅增强了社会治理的效果，还促进了资源的有效配置和社会责任的共同承担。

农村社会治理保障体系通过促进多元主体的共同参与，也提高了社会治理的创新性和适应性。面对复杂多变的社会问题，不同主体可以根据各自的特点和优势，提出创新的解决方案，增强对新挑战的应对能力。这种包容性的治理模式有助于汇聚社会各方的智慧和力量，形成更为有效的社会治理机制。

（三）农村社会结构的稳定

社会保障体系在稳定农村社会结构方面的作用至关重要，尤其是在应对由劳动力流失带来的社会问题和缩小城乡差距方面。随着大量农村劳动力向城市转移，农村地区面临着一系列社会结构性问题，其中包括留守儿童和老年人的照护问题，以及由于经济发展不平衡导致的城乡差距问题。社会保障体系通过提供多方面的社会福利，能够有效地缓解这些问题，促进农村社会的稳定和发展。

社会保障体系在提供医疗保健和教育支持方面，可以有效地帮助解决留守儿童和老年人的照护问题。随着年轻劳动力的外流，留守儿童和老人成为农村社会的突出问题。这些群体由于缺乏必要的照护和支持，面临着诸多生活和健康上的挑战。通过社会保障体系提供的医疗保健服务，可以确保这些易受影响的群体获得基本的医疗照护，减少健康风险。对于留守儿童而言，教育支持尤为重要。社会保障体系可以通过资金援助、教育资源的提供等方式，确保留守儿童获得质量较高的教育，为他们未来的发展打下坚实的基础。

社会保障体系在缓解经济压力和减小城乡差距方面发挥着重要作用。劳动力的城市化导致农村地区经济活动减弱，从而加剧了城乡之间的经济差距。社会保障体系通过提供经济援助、就业培训等措施，不仅帮助农村居民改善当前的生活状况，还鼓励和支持他们通过多种途径增加收入，提升自身的经济状况。这样的措施有助于减轻农村居民的经济压力，缓解城乡经济发展的不平衡状态。

第三节 农村社会治理中社会保障体系构建的路径

在国家治理现代化的大背景下，将社会保障融入农村社会治理的关键在于有效地指导各种社会力量，按照合理的架构和方向利用社会保障政策对农村社会实施高效治理。已有研究发现，治理概念一般包括四个维度，即治理理念、治理目标、治理关系及治理过程。这四个维度共同决定了治理的本质和机制，其中，治理理念是内在依据，治理目标是推进方向，治理主体之间的关系决定着治理的行动模式，治理过程的运作规则决定着治理的成效和质量[①]。基于此，本节从治理理念、目标、关系以及过程四个维度来论述农村社会治理中社会保障体系构建的路径，如图 5-2 所示。

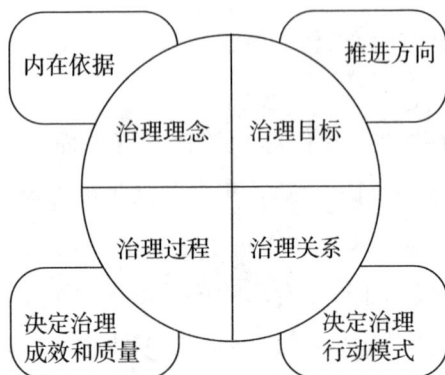

图 5-2　农村社会治理中社会保障体系构建的路径

一、要确立社会保障参与农村社会治理的理念

社会保障在农村社会治理中的参与，涵盖了法治、以人为本和提升能力等多个重要的理念，这些理念共同构成了社会保障参与农村社会治理的行为准则，并指导着实践的开展。

（一）法治原则在社会保障参与农村社会治理中的重要性

法治，作为现代社会治理的基本准则，对于确保社会保障政策的有效实施和公正性具有决定性的作用。在农村社会治理的背景下，法治原则的贯彻和实施对于提升治理质量、保障农村居民权益具有深远的影响。

法治原则确保社会保障政策的实施在法律法规的框架内进行。这意味

---

① 李迎生，李泉然，袁小平.福利治理、政策执行与社会政策目标定位：基于 N 村低保的考察 [J].社会学研究，2017（6）：44-69.

着所有的社会保障措施和活动都必须依据现行法律和政策进行，保障其合法性。在这一法治框架下，任何社会保障措施的制定和实施都不能偏离法律赋予的权利和义务，确保所有行动都有法可依，有法必依。这样的做法不仅提升了社会保障活动的规范性，也保障了政策的透明度和公平性，为农村居民提供了明确的权利保障和救济途径。在农村社会中，人情关系网络曾在社会治理中占据重要地位，但这种基于非正式规则的治理方式可能导致资源配置的不公和利益输送，损害了政策的公正性和有效性。法治原则的贯彻实施，确保了社会保障政策在制定和执行过程中客观、公正，基于法律而非私人关系，从而确保所有农村居民能够在平等的基础上获得相应的社会保障服务。

法治原则在社会保障参与农村社会治理中的作用还体现在提升了政策的执行效率和效果。法律提供的清晰框架和规则使社会保障政策的执行更加系统和有序，减少了执行过程中的随意性和不确定性。法治还提升了农村居民对社会保障政策的信任度，当他们相信政策是被公正制定并执行时，更愿意遵守规则和参与社会治理。这种信任感的建立对于构建和谐的农村社会环境至关重要。

法治在社会保障参与农村社会治理中的重要性还体现在其对权力的制约作用上。在法治的原则下，政府和社会组织在社会保障领域的权力和行为受到明确的限制和监督，这有助于防止权力的滥用和腐败，保护农村居民的基本权益不受侵害。这种制约机制确保了社会保障政策的公正性和有效性，有利于维护社会稳定和促进公平正义。

（二）以人为本原则在社会保障参与农村社会治理中的作用

以人为本的原则强调在所有社会保障政策和实施中，最根本的出发点和落脚点应当是农村居民的福祉和需求。以人为本的治理方式不仅关注满足农村居民的基本需求，更重要的是，它旨在提升他们的整体生活质量，包括健康、教育、居住和心理福祉等方面。

在以人为本的社会保障体系下，政策制定者和执行者需要深入了解农村居民的实际需求和期望。这意味着在制定社会保障政策时，需要考虑农村居民的特殊环境和挑战,如教育资源的不足、医疗服务的可达性、老龄化问题以及经济发展的不平衡等。因此,社会保障政策的制定和实施应当基于对农村居民生活状况的细致了解和深入分析,确保政策既切实可行又能有效解决目标群体的实际问题。

以人为本的原则还要求社会保障政策能够提升农村居民的能力和潜力。这不仅意味着提供必要的物质帮助,更重要的是提供教育、技能培训和就业机会等,帮助农村居民提升自身能力,实现自我发展和经济自立。这种能力的提升对于打破贫困循环、促进社会公平和提高农村居民的生活质量具有重要意义。以人为本的社会保障政策在实施过程中还应关注农村居民的参与和声音。这意味着在制定和实施社会保障政策的过程中,应当充分听取农村居民的意见和建议,确保政策制定过程中他们的声音得到反映和尊重。这种参与感和归属感的提升,能够增强农村居民对社会保障政策的认同感和满意度,从而提高政策的有效性和实施效果。

以人为本的原则还强调社会保障政策应当具有灵活性和适应性,以应对农村地区多变的社会经济环境。随着社会的发展和变化,农村居民的需求和挑战也在不断变化。因此,社会保障政策需要不断调整和更新,以适应这些变化,确保政策始终符合农村居民的实际需求。

(三)提升能力在社会保障参与农村社会治理中的重要性

提升能力的原则突破了传统社会保障仅作为经济支援的局限性,转而重视对农民发展能力的长期投资和提升。通过这种方式,社会保障政策不仅解决了农民的短期需求,更是为其长期的自我发展和社会进步铺设了道路。

社会保障政策在提升农民能力方面的作用主要体现在教育、职业培训和技能提升等方面。教育作为提升个人能力和改变生活轨迹的关键,对于农村居民尤为重要。社会保障体系通过提供教育机会,不仅提高了农民的文化水平,还开阔了他们的视野且改变了他们的思维方式,使他们能够更好地适应社会发展的需求。特别是对于青少年而言,良好的教育是摆脱贫困和改善生活的有效途径。

职业培训和技能提升也是提升农民能力的重要方面。随着经济社会的发展，传统的农业生产方式已不能满足市场的需求。社会保障政策通过提供各种职业培训和技能提升课程，帮助农民掌握新的生产技能和经营管理知识，提高了他们的就业能力和经济收入。这些培训不局限于农业技术，还包括市场营销、电子商务等现代知识，以适应现代农村经济的多元化发展。

社会保障政策在提升农民能力方面的作用还体现在促进创新和创业能力上。通过提供创业指导、小额贷款和市场信息等支持，社会保障政策鼓励和帮助农民进行创新创业，拓展他们的经济来源，增加收入。这种支持不仅提升了农民的经济地位，也增强了他们的自信和社会参与感。

社会保障政策在提升能力方面还应关注农民的心理健康和社会适应能力。农村地区由于经济和社会条件的限制，农民面临着各种压力和挑战。社会保障体系应提供心理健康服务和社会支持，帮助农民应对生活中的压力，提高他们的心理韧性和社会适应能力。

二、明晰社会保障参与农村社会治理的目标

（一）多元主体的广泛参与

政府、社会组织、企业以及农村居民本身，都是推动农村社会治理的关键力量。这种多元主体参与的模式，为农村社会治理带来了更广泛的视角、更丰富的资源和更具创新性的方法。政府作为社会治理的主导者，扮演着制定政策、提供资源和监督实施的角色。在多元主体参与的社会保障体系中，政府的作用是至关重要的。政府需要通过制定合适的政策和法律，为社会保障的有效实施提供法律依据和政策指导。政府需要提供必要的财政支持，确保社会保障计划的顺利执行。政府还需负责监督和评估社会保障政策的实施情况，确保政策目标的实现。社会组织在农村社会保障体系中也扮演着重要角色。相比政府，社会组织通常更接近基层，更了解农村居民的实际需求。它们可以在社会保障政策的制定和实施过程中提供宝贵的意见和建议。社会组织还可以直接参与到社会保障服务的提供中，例如，开展扶贫项目、提供教育和医疗服务等，这些活动有助于提高社会保障政策的实施效果。

企业作为社会保障体系的另一方参与者，可以通过企业社会责任（CSR）活动，为农村社会保障贡献力量。企业可以通过投资农村教育、医疗卫生、基础设施建设等方面，帮助提高农村居民的生活水平。企业还可以通过提供就业机会，帮助改善农村居民的经济状况。

农村居民自身的参与同样不可或缺。社会保障政策的制定和实施应充分考虑农村居民的意见和需求。农村居民通过参与决策过程、监督政策实施，增强社会保障政策的透明度和公正性。农村居民的积极参与还有助于提高他们对社会保障政策的认同感和满意度，从而提升政策的实施效果。

（二）社会保障资源的有效分配

社会保障资源的有效分配在确保社会保障参与农村社会治理的过程中起着决定性作用。这种分配不仅关系到农村居民能否获得必要的支持和服务，而且直接影响社会保障体系的整体效能和公平性。在实施社会保障政策时，公平和合理的资源分配原则是确保农村地区能够有效满足最需要帮助群体基本需求的关键。有效的资源分配体现了对农村社会不同群体需求的深入了解和全面考虑。社会保障资源应当优先满足那些最为脆弱、最需要帮助的群体，如老年人、残疾人、低收入家庭等。这种以需求为导向的分配方式不仅体现了社会公平的基本原则，还能有效缓解农村地区最紧迫的社会问题。

社会保障资源的有效分配也是对农村居民长期福祉的投资。通过提供必要的社会服务和支持，不仅可以解决他们的短期问题，更能够促进他们的长期发展和自立。例如，投资于农村教育和医疗卫生，不仅能够改善当代农村居民的生活质量，也为下一代的健康成长和发展打下基础。有效的资源分配还需依赖透明和高效的管理系统。这意味着社会保障资源的分配过程应当公开透明，确保每一项资源都能够被合理且高效地利用。这也要求有一个持续的监测和评估机制，以确保资源分配能够达到预期的效果，及时调整和优化政策。

社会保障资源的有效分配不仅是社会保障参与农村社会治理的重要目标，更是一种社会责任和承诺。它体现了对农村居民基本权利的尊重和保障，对于建立公正和谐的社会环境至关重要。因此，在社会保障参与农村社会治理的过程中，必须确保社会保障资源能够以一种公平、合理且有效的方式被分配和利用，以实现社会保障政策的真正目标。

（三）化解社会矛盾，实现社会公正

社会保障政策在农村社会治理中发挥着至关重要的作用，特别是在化解社会矛盾和实现社会公正方面。通过提供必要的社会保障有助于减少因经济困难引起的社会不满和冲突，进而提升社会整体的公正感。社会公正作为社会稳定和持续发展的基石，其重要性不言而喻。

在农村社会中，经济困难和资源分配不均是导致对社会不满和矛盾的主要原因。社会保障政策通过为最需要帮助的群体提供经济援助和服务，有效地缓解了这些群体的经济压力，减少了因贫困和不平等引发的社会矛盾。例如，低保政策、医疗援助和教育支持等，都是缓解经济困难、提高生活质量的重要手段，它们直接改善了农村居民的生活条件，也间接促进了社会和谐。社会保障政策在实现社会公正方面发挥着重要作用。公正不仅体现在资源分配的平等性上，更体现在为所有社会成员提供平等机会的能力上。社会保障政策通过保障每个农村居民的基本生活需要，为他们提供平等参与社会、经济和文化生活的机会，从而推动了社会公正的实现。这种公正不仅有助于增强农村居民对社会制度的信任，还能促进社会稳定、和谐。

社会保障政策通过促进不同社会群体之间的对话和理解，进一步化解社会矛盾。这些政策鼓励社会各界参与到农村社会治理中来，通过各种形式的交流和合作，促进不同群体之间的相互理解和尊重。这种包容性的治理方式有助于建立更为和谐的社会关系，减少矛盾和冲突。

（四）激发社会活力，促进社会和谐发展

社会保障政策在农村社会治理中扮演的角色远远超出了单纯的经济援助，它还致力于激发农村社会的活力，促进社会的和谐与发展。社会保障政策通过向农村居民提供教育、医疗、养老等基本社会服务，直接改善了他们

的生活质量，提高了他们的生活满意度和幸福感。生活质量的提升不仅使农村居民更加积极地参与社会经济活动，还增强了他们对未来的信心和对社会的归属感。教育服务为农村青少年打开了更多的机会之门，使他们能够通过获取更好的教育来改善自己的未来。良好的教育不仅是个人发展的关键，也是推动社会整体进步的基石。

医疗服务的改善，特别是在偏远和贫困地区，不仅解决了基本的健康问题，还提高了居民的整体健康水平，这对于社会的长期稳定和发展至关重要。养老服务的提供确保了老年人的基本生活需求得到满足，减轻了家庭的经济负担，从而促进了社会和谐。社会保障政策通过提升农村居民的整体生活水平，激发了他们的社会活力，促进了社会的和谐发展。这不仅体现在经济层面的进步，更体现在社会关系的和谐以及文化和精神层面的丰富。

（五）完善国家治理体系，实现治理现代化

社会保障参与农村社会治理所承载的任务远不止于解决短期的社会问题，它在完善国家治理体系及推进治理现代化方面起到了关键作用。农村地区作为社会结构的重要组成部分，其治理水平和质量直接影响到国家治理体系的效能。在这个层面上，通过在农村地区实施有效的社会保障政策，不仅直接提升了农村的治理水平，也为国家治理体系的现代化提供了重要的实践经验和模式。这一过程中的创新和成功实践，为国家治理现代化提供了宝贵的借鉴，特别是在如何更好地管理和服务于社会边缘群体这一领域。

社会保障政策的实施有助于展示和测试国家治理体系在解决复杂社会问题时的能力，特别是在如何有效地分配资源、如何确保政策的公平性和可持续性方面。这些实践不仅优化了国家的资源配置，还提升了政府在民众中的信任度和权威性。社会保障政策在农村地区的成功实施还有助于发现和培育治理人才，为国家治理体系注入新的活力和创新思维。

在国家治理现代化的进程中，社会保障政策还发挥着连接政府与民众、传统治理与现代治理的桥梁作用。它通过提供必要的支持和服务，拉近了政府与农村居民之间的距离，使政府更加了解民众的需求和期望，从而使治理

更加人性化和高效。社会保障政策的实施也促进了信息技术和数据分析在治理中的应用，提高了治理的科学性和透明度。

三、理顺社会保障参与农村社会治理中的治理关系

（一）横向合作共治关系

在现代社会治理中，横向合作共治关系是构建有效和可持续治理体系的关键。这一关系在农村社会治理中显得尤为重要。在这个体系中，政府、村组干部、基层经办服务人员、村民以及社会组织等各治理主体之间的关系被重塑为基于平等合作与协商的模式。

政府的角色发生了显著转变，从传统的统治者身份转变为协商者。这种转变意味着政府在决策过程中不再单方面施加影响，而是与其他治理主体共同参与讨论、决策和解决社会问题。这样的转变对于提高政策的接受度和执行效率至关重要。它有助于政府更准确地把握和解决农村地区的实际问题，因为这些问题的解决方案通常需要来自不同群体和层面的见解和资源。

政府权力的下放是激发社会活力的重要举措。通过将决策权和执行权下放给地方政府和社会组织，可以更有效地利用本地资源和知识，制定和实施更适合当地实际情况的社会保障政策。这种权力下放也有助于提高政策的灵活性和适应性，使社会保障体系能够更快速地响应社会变化和居民需求。社会组织的参与为农村社会治理带来了多样性和创新性。社会组织通常更接近社区和基层民众，能够更深入地理解他们的需求和期望。这些组织在收集民意、提供服务和实施项目方面都具有独特优势。它们能够为政府提供重要的信息和反馈，帮助政府更好地制定和调整社会保障政策。社会组织的参与还有助于提高政策的透明度和公众参与度，增强政策的公信力和有效性。

在横向合作共治关系中，各治理主体之间的平等协商是实现有效社会治理的基础。这种协商过程不仅促进了信息的共享和理解的深化，还有助于形成广泛的共识和支持。这种基于合作和协商的治理方式，相比传统的自上而下的管理模式，更能够激发社会的活力和创新潜能，更有效地解决复杂的社会问题。

（二）纵向、双向及多向互动关系

在当前的农村社会治理中，纵向、双向及多向互动关系已成为提升治理效果的关键。这种互动模式的核心在于打破传统的自上而下单向治理框架，强调政府、基层组织与村民间的动态互动，确保决策过程民主化、透明化和高效化。

政府和基层组织在这一模式下不再仅仅是上级指令的执行者，而是需要变得更加敏感于村民的需求和意见。这意味着他们需要建立起有效的机制来收集和响应村民的反馈，确保政策制定和实施能够真正符合村民的实际需求。这种从下至上的反馈机制不仅增强了农村居民对政策制定过程的参与感，还提高了政策的准确性和可接受度。随着社会组织的积极参与，这种双向互动进一步演变为多向互动。社会组织的介入为政府和基层组织提供了新的视角和资源，使得决策过程更加多元化和包容。这些组织通常更接近社区和基层民众，能够更深入地了解居民的需求和期望。因此，它们在减小政府与民众之间的信息差距方面发挥着重要作用。这种多向互动有助于实现政策和民众需求之间更好的匹配，从而提高社会治理的整体效率和效果。

多向互动在社会保障供给与需求之间建立了更为有效的连接。它能够确保社会保障资源的分配更加公平合理，减少由于资源分配不均而引起的社会矛盾和冲突。这种互动方式有利于促进社会保障资源的最优配置，从而实现公共利益的最大化。在这个过程中，多向互动也鼓励了更广泛的公众参与和监督，增强了社会保障政策的透明度和公众的信任度。

（三）实现公共利益的最大化与优化社会治理效果

在农村社会治理中，实现公共利益的最大化和优化社会治理效果的关键在于多元参与和多向互动。这种治理模式通过促进不同治理主体之间的协作和沟通，为社会保障政策和措施的优化提供了坚实基础。在这个过程中，政府、社会组织、基层组织、村民以及其他相关方的参与，不仅确保了决策过程的民主性和包容性，而且有助于准确把握农村居民的实际需求和期望。

通过多方参与和协商，各方的资源和智慧得以共享和整合，这不仅增强了社会保障政策的针对性和有效性，也为社会保障体系的创新和发展提供了动力。这种多方协作模式有助于形成更加全面和深入的问题解决方案，同时能够更好地应对和管理复杂的社会问题。在这个框架下，社会保障政策的制定和实施不再是单一主体的任务，而是多方主体共同参与和努力的结果。

多向互动模式增强了社会保障政策的适应性和灵活性。随着社会环境的变化和农村居民需求的演变，社会保障政策需要不断调整和更新以适应这些变化。多向互动模式有助于快速收集和响应这些变化的信息，使政策能够及时做出相应的调整。这种动态的互动过程确保了社会保障体系能够有效应对社会变化，从而保持农村社会治理的稳定性和持续性。

四、规范社会保障参与农村社会治理过程

（一）民主参与性

规范社会保障参与农村社会治理过程中的民主参与是确保政策有效性和公平性的核心要素。民主参与不仅指村民能够接受社会保障服务，更重要的是他们能够积极参与到社会保障政策的制定和实施过程中，从而确保政策更加贴近他们的实际需求和期望。

确保村民有权利和渠道主动表达自己的诉求，是民主参与的基本前提。这意味着村民不仅应被视为社会保障政策的接受者，更应被视为参与者和合作伙伴。为此，需要建立有效的机制和平台，使村民能够方便地提出他们的意见和建议，特别是对于那些直接影响他们生活的社会保障政策。这可以通过定期的社区会议、建立意见反馈系统、在线论坛等多种方式实现。保障各治理主体，包括政府、社会组织、村民等都有平等的发言权，对于促进协同治理至关重要。这种平等的发言权确保了治理过程中各方的声音都能被听到和考虑，从而使得最终的决策更加全面和公正。这不仅提高了政策的有效性，也增强了政策的社会接受度和合法性。

民主参与还意味着政策制定和实施过程具有较高的透明度。当政策制定和实施过程对公众开放时，不仅有助于提高政策的透明度和公众的信任度，

也鼓励了公众参与和监督，从而增强了政策的公正性和适应性。

（二）规范性

在规范社会保障参与农村社会治理的过程中，治理过程的规范性是确保政策有效实施和维护公共利益的关键。规范性主要体现在社会保障政策的制定和执行必须遵循明确的规章制度，确保每个步骤都符合法律法规的要求，并且按照既定程序进行。社会保障政策的制定和实施过程中的规范性，首先体现在必须在法律和政策的框架内进行。这意味着所有的决策和行动都需要有法律依据，避免任何形式的法外行为或权力滥用。这种基于法律的操作不仅保证了治理活动的合法性，也为社会保障政策的持续性和稳定性提供了坚实基础。规范性还体现在建立和遵循标准化的程序。这包括从政策制定、资源分配到执行和监督的每一个环节。通过明确的标准化程序，可以确保社会保障措施的实施过程更加合理、高效和透明。标准化程序有助于减少误解和冲突，提高政策实施的效率和效果。这也有助丁各方对政策实施过程有明确的期望和理解，从而减少不确定性和风险。

在社会保障治理过程的规范性方面，还需要强调监督和评估的重要性。监督机制确保政策实施过程中的每一项决策和行动都遵循既定的规范，及时纠正偏差和错误。定期的评估有助于理解政策实施的效果，提供改进和调整的依据。这种持续的监督和评估不仅增强了政策的适应性，也提高了决策的科学性和合理性。

（三）公开透明性

在规范社会保障参与农村社会治理的过程中，公开透明性是确保治理有效性和增强公众信任的重要方面。公开透明性意味着在社会保障政策的制定、执行以及评估过程中，所有相关信息都应向公众开放，保障公众能够充分了解并监督这些事务。

公开透明的治理过程对于建立村民对村干部和治理机构的信任具有至关重要的作用。当农村居民能够清楚地了解社会保障政策的内容、实施方式以及政策带来的影响时，他们更可能对这些政策持积极态度，并积极参与到治理过程中。这种了解和参与进一步增强了政策的适应性和有效性，因为它基于更广泛的公众反馈。公开透明的治理还有助于减少误解和猜疑，从而减少治理过程中的阻力和矛盾。透明度高的治理环境能够有效避免信息不对称所带来的问题，如资源分配的不公平、决策过程中的偏见等。通过确保信息的流通和公开，所有治理参与者都可以基于相同的知识和理解做出反应和决策。

公开透明还意味着监督的加强。当政策制定和实施过程对所有人开放时，公众和其他治理主体可以更有效地对此过程进行监督。这种监督不仅确保了政策实施的正确性，也提供了对政策制定和实施过程的及时反馈，从而有助于及时调整和改进政策。

（四）有效监督

在规范社会保障参与农村社会治理的过程中，有效监督是确保治理公正性、防止不当行为的关键组成部分。这种监督机制的核心在于确保所有参与社会治理的各方，无论是政府机构、社会组织，还是村组干部，他们的行为都必须符合既定的规定和标准。这不仅涉及社会保障政策的制定和实施，更关乎这些政策在日常运作中的执行情况。

实施科学的监督机制意味着监督活动本身也应遵循一定的规则和标准。这包括建立明确的监督责任、流程和标准，确保监督活动既高效又具有针对性。监督机制应能够灵活应对不同情况，及时发现并纠正治理过程中的偏差和错误。同时，有助于提升社会保障政策实施的透明度和公正性，增强了政策的可信度和有效性。在非普惠性救助制度的执行中，如农村低保等，有效的监督尤为关键。这些制度由于其特性，更容易受到个人或集体利益的影响而偏离其本来的目标。因此，加强对这些制度执行过程的监督，不仅可以防止制度被滥用，也确保了这些制度真正服务于那些最需要帮助的群体。监督还包括对资源分配过程的审视，确保资源分配公平、透明，避免任何形式的利益输送或不公正现象。

有效的监督还应包括对社会反馈的关注。这意味着监督不仅是上级对下级的检查，也包括对社会公众意见的收集和反馈。这种双向的监督机制能够更全面地把握社会保障政策的实际效果，及时调整和优化政策。

（五）防止寻租行为

在规范社会保障参与农村社会治理的过程中，防止寻租行为是确保资源公正分配和治理效率的重要方面。寻租行为，即利用职权或影响力为了个人利益而操纵资源分配的行为，会严重破坏社会保障制度的公正性和效率，损害社会福祉。

防止寻租行为首先需要确保社会保障资源和服务的按需分配。这意味着资源分配应基于实际需求而非个人或团体的影响力或关系网络。为此，必须建立客观、透明的评估和分配机制，确保社会保障的受益者是那些真正需要帮助的人。这种机制不仅要考虑资源的分配，还要关注资源的使用和结果，以确保资源的有效利用。

建立和完善防止腐败和不当利益获取的机制也是防止寻租行为的关键。这包括建立强有力的监督和问责机制，确保社会保障资源的每一次分配和使用都在监督之下，任何违规行为都将受到追究。还需要完善法律法规，明确规定寻租行为的界定和相应的法律后果，提高违规成本。

防止寻租行为还要求提升治理人员的职业道德和能力。通过教育和培训，提高治理人员对社会保障重要性的认识，强化他们的职业伦理，确保他们在面对利益冲突时能够做出正确的选择；提升他们的专业能力，使他们能够更有效地管理和分配社会保障资源。

第六章　农村社会治理的文化体系

党的二十大报告中指出："全面建设社会主义现代化国家，必须坚持中国特色社会主义文化发展道路，增强文化自信。"[①] 文化与社会治理之间的互动关系是复杂且密切的。在这一关系中，文化既是农村社会活动的根本环境，又深刻地内化于社会的各个层面。这种文化背景塑造了村民的思维和行为模式，从而对农村社会治理的基本方式产生了决定性影响。在某种程度上，社会治理模式的有效性，依赖于其与当地社会文化的适应性。成功的农村治理模式通常是文化环境的反映和适应。社会治理并非被动地接受文化的影响，而是具有对文化产生反作用的能力。有效的社会治理能够促进民风民俗的改善，优化村民的思想和行为模式。古代地方官员肩负着"教化民风"的责任，实际上是通过治理手段来改进农村文化。这种历史传统对当代农村社会治理具有宝贵的启示作用。

第一节　农村文化的历史演进与当代构成

一、传统农村文化的基本面貌

传统农村文化可以从三个独特而深刻的视角来理解：价值观和规范、历

---

① 习近平.高举中国特色社会主义伟大旗帜　为全面建设社会主义现代化国家而团结奋斗：在中国共产党第二十次全国代表大会上的报告 [N]. 人民日报，2022–10–16（1）.

史传承与记忆，以及社会秩序与习俗。

（一）价值观和规范

在探究传统农村文化的价值观和规范时，不可忽视的是其深植于血缘论的社会基础。我国传统乡村社会以家庭、家族及村落等初级群体为生产和生活的核心组织，这些群体内部的亲情和乡情共同构建了一个以共同价值为中心的社会结构。这种结构不仅促成了相似的生活方式和紧密的人际关系，还形成了一种自下而上的道德秩序，确保了社会群体的基本需求得到满足。

在这种"熟人社会"中，每个人都处于一个固定的位置和道德角色，这种位置和角色的固定性降低了人际关系的不确定性，维护了社会的稳定和和谐。历史上的个体，尤其是在我国传统社会中，大多与更大的集体密切相关，个人的独立性不如集体的联系显得重要。这种深度的集体联系，特别是血缘和家庭纽带，对个人的行为和思想产生了深远的影响。

这样的文化环境下，个人的行为和选择几乎都与家族和社会群体的期待紧密相连。个体的独立性和自主性往往不被鼓励，反而可能受到质疑或排斥。这种文化模式强调了个人对家族和社会群体的责任和义务，促进了社会秩序的维护和传统价值观的传承。

（二）历史传承与记忆

传统农村文化中的历史传承和记忆是一种深植于社会集体意识的文化现象，它不仅仅是对过去的回忆，更是一种跨代的文化与知识的传递机制。这种传承在农村社会中扮演着核心角色，它通过各种仪式、习俗、口头叙事和实践活动得以实现。

历史传承在农村文化中的表现形式多样，包括但不限于节日庆典、民间艺术、传统手工艺以及农耕习俗。这些文化实践不仅为村民提供了共同的身份认同和归属感，还是他们与过去连接的桥梁。例如，通过传统节日庆典，村民能够重温与先祖相同的仪式，体验与过去世代相似的情感和体验。

口头叙事和传说在历史传承中也占据重要地位。这些故事和传说通常包含着重要的道德教诲和生活智慧，它们在日常生活中被长辈传授给年轻一代，成为人们价值观和世界观形成的重要来源。通过这种方式，农村文化中的核心观念、价值和经验得以保存并传递。

农村文化的历史传承和记忆不仅仅是对过去的保存，它还活跃地影响着当代的社会实践。这种传承为农村社会提供了稳定性和连续性，是其文化身份和社会结构的重要组成部分。通过这种跨代的交流和学习，农村文化得以保持其独特性，同时能够适应和反映时代的变化。

（三）社会秩序与习俗

传统农村文化中的社会秩序与习俗是维系社会结构和确保群体和谐的关键因素。这些秩序和习俗深刻地反映了农村社会的价值观和生活方式，形成了一套行之有效的规范体系，指导着村民在日常生活中的行为和相互交往。

农村社会秩序通常围绕着家庭、宗族和村落等基本社会单位构建，这些单位不仅是社会结构的基础，也是文化传承和社会控制的主要场所。在这些单位内部，严格的等级制度和角色分配保证了社会秩序的稳定。例如，家庭内部的父系权威和长幼尊卑的等级秩序，以及村落中的地位分配和社会责任，都是农村社会秩序的重要组成部分。

农村社会的习俗多种多样，从农耕习俗、节日庆典到婚丧嫁娶等生活各方面，这些习俗不仅体现了社会的文化特色，也是社会凝聚力和文化身份的重要来源。这些习俗通常包含了丰富的文化意涵和社会功能，如农耕习俗与自然环境的和谐相处、节日庆典中的社区团结和文化传承等。

农村社会的秩序和习俗不是静态的，它们随着时间的推移和社会的变迁而发生适应性的变化。尽管现代化和城市化对传统农村社会造成了影响，但许多习俗和秩序依然在农村生活中占据重要地位，继续影响着村民的日常生活和社会交往。

二、传统农村文化的历史变迁

传统农村文化的历史演进可以从三个关键方面进行深入探讨：社会结构

与组织形式的变迁、农业生产方式与生活习俗的发展，以及乡土信仰与文化传统的演变。

（一）社会结构与组织形式的变迁

农村社会结构与组织形式的变迁是一个复杂且多维的过程，它深刻地揭示了农村文化的历史演进与社会变化的密切联系。在古代，农村社会结构主要围绕着宗族和家族构建，这种以血缘和地缘关系为基础的社会组织形式在维系社区内部的稳定与和谐方面起到了关键作用。宗族和家族不仅是经济和社会生活的基本单位，也是文化传承和社会控制的重要机制。

随着历史的发展，特别是近现代以来，农村社会结构和组织形式产生了显著的变化。这些变化主要体现在新兴的社会力量和组织形式的出现，如合作社、村民自治组织等。这些新型组织形式不仅改变了农村的经济和社会运作方式，也在一定程度上改变了农村的权力结构和社会关系。

合作社的兴起，尤其是在农业生产和分配方面，为农村社会带来了新的经济模式。这种模式通过集体合作和资源共享，增强了农村经济的效率和村民的凝聚力，同时促进了社会公平和经济民主化的实现。

村民自治组织的形成则是农村社会治理结构演进的一个重要标志。这种自下而上的治理模式赋予了村民更多的参与权和决策权，促进了社区自治和社会管理的现代化。村民自治不仅提升了村民对本地事务的控制和管理能力，也是民主和法治观念在农村社区中逐渐深入的体现。

（二）农业生产方式与生活习俗的发展

农业生产方式与生活习俗的发展是理解农村文化历史演进的一个关键维度，其中蕴含着经济基础与上层建筑之间复杂而深刻的相互作用。传统农业生产方式对人力和自然条件的高度依赖，不仅决定了农村的经济形态，也塑造了特定的社会生活方式和文化习俗。

在这种生产方式中，农业活动的周期性成了农村生活节奏的主要决定因素。节令变化直接影响农忙与农闲的安排，这种与自然节律紧密相连的生活方式促成了一系列与农业生产相关的文化习俗和社会活动，如庆祝收获的节日、春耕秋收的仪式等。这些习俗和活动不仅体现了农村社区对自然的敬畏和依赖，也加强了社区内部的凝聚力和文化认同。

随着现代化进程的推进，农业技术的不断进步和生产方式的变化对农村的经济基础和社会结构产生了深远的影响。新的农业技术，如机械化耕作、化肥和改良种子的使用，显著提高了农业生产的效率和产量，同时改变了农村劳动力的需求和配置。这些变化不仅改善了农村的经济条件，也引发了社会生活方式的转变。伴随着农业生产方式的变迁，农村生活习俗也在逐步适应新的生产方式和生活条件。传统的农业节奏和习俗正逐渐被现代化的生活方式所取代或重塑。例如，机械化农业减少了对人力的依赖，从而改变了农村劳动力的分布和社会结构，影响了传统节令庆祝活动的形式和内容。

（三）乡土信仰与文化传统的演变

乡土信仰与文化传统在农村社会的演变是一个充满活力的过程，它们不仅反映了历史与传统的深度，还显现了文化在不断变化的社会环境中的适应性与动态性。长期以来，农村社会形成了一系列丰富多样的乡土信仰和文化传统，例如，庙会、节日庆典和民间艺术，这些文化形态不仅为社区提供了凝聚力，也成为文化传承的重要载体。庙会和节日庆典等活动，既是农村社区对神灵的崇拜和感恩的表达，也是社区成员之间相互交流和团结的机会。通过这些仪式和庆祝活动，加深了村民对传统文化的理解和认同，也强化了社区内部的社会联系。民间艺术，如民间音乐、舞蹈、绘画和手工艺，不仅是艺术表达的形式，也是历史和文化传承的重要媒介。这些艺术形式通常融入了丰富的地方特色和历史故事，成为村民共享的文化遗产。

随着外部文化的输入和社会变迁，乡土信仰和文化传统也经历了显著的演变。外来文化的影响，如媒体、互联网和城市化进程，为农村社区带来了新的文化元素和生活方式，这些新元素与传统文化相互作用，促使乡土信仰和文化传统不断地适应新的社会环境。例如，传统节日庆典中融入了现代元素，民间艺术开始吸纳外来的艺术形式和表现技巧，使农村文化表现出多元化和现代化的趋势。这种演变不仅表明了农村文化的弹性和适应能力，也反映了文化传统在现代社会中的活力和重要性。乡土信仰与文化传统的这种持续演进是农村社会对于历史传统与现代变革之间平衡的探索，体现了农村文化在传承与创新之间寻求的动态平衡。

三、农村文化的当代构成

改革开放开启了农村现代化的进程，在这一阶段，传统农村文化逐步发展为农村现代文化。

（一）传统文化

农村文化的当代构成，在改革开放和现代化的背景下，表现出了复杂的变迁与发展。其中，传统文化的角色尤为关键，它不仅是农村文化身份的重要组成部分，也是现代化过程中不可或缺的文化资源。深入探讨传统文化在农村文化当代构成中的地位和作用，需要考虑多个方面。

首先要考虑的是传统文化在农村社会中的深厚根基。这种根基主要体现在日常生活习俗、传统节日庆典、民间艺术和传统手工艺等方面。这些文化形态历经世代传承，成为农村社区的共同记忆和身份标志。在现代化的冲击下，虽然一些传统文化形态面临着消亡的威胁，但许多还在以新的形式得以保留和发展，成为连接过去与现在的桥梁。农村社会的传统文化也在适应现代社会的需求和挑战。随着社会的发展，传统的农业生产方式和生活习俗正在发生变化。例如，机械化农业的引入减少了农民对传统农耕技术的依赖，但也激发了他们对传统农耕文化的新的认识和评价。传统节日和庆典活动，如春节、中秋节等，在保留传统元素的同时，也融入了更多现代化的内容和形式，这种融合既保留了传统文化的精髓，又增添了新时代的气息。

民间艺术和传统手工艺作为传统文化的重要组成部分，在当代农村文化中发挥着重要作用。这些艺术和技艺不仅是文化传承的载体，也成了农村经济发展的新动力。许多传统手工艺品，如刺绣、编织等，正逐渐成为市场上受欢迎的商品，这不仅提升了农村的经济水平，也促进了传统文化的创新和传播。在心理层面，农村民众的从众心理是一个值得关注的现象。在传统文化的影响下，农村社会通常倾向于遵循习惯和传统，他们接受和适应新鲜事物可能需要更长的时间。这种从众心理在一定程度上有助于维持社会的稳定和文化的连续性，但也可能导致对新观念和变革的抗拒。

（二）现代文化

农村的现代文化，特别是在改革开放以来的中国背景下，展现了显著的转型和发展。这主要体现在公民文化的兴起、自治精神的增强和法治文化的普及。这些文化变革不仅深刻影响了农村社会的结构和运作，也反映了农村社会在面对现代化挑战时的适应和回应。

公民文化的兴起是农村现代文化变革的重要方面。改革开放后，家庭联产承包责任制的实施，极大地激发了村民的自主意识和个体主体性。这种经济体制的变革，不仅促进了农村经济的发展，也带动了村民对个人权利和社会责任的重新认识。村民开始从单纯的生产者角色转变为社会和政治活动的参与者，他们的政治意识和民主观念逐渐觉醒，越来越多地关注和参与到本地甚至国家层面的政治活动中。

自治精神的增强是农村现代文化的另一显著特征。自 20 世纪 80 年代村委会推广以来，村民自治在我国农村社会中逐渐成熟和深入。村民自治不仅赋予了村民更多的权利和责任，也培养了他们在社会管理和公共事务参与中的能力。通过选举、监督和决策过程的参与，村民在实践中学习和锻炼了自治的技能，这不仅加强了他们的自治精神，也提升了整个社区的民主水平和社会凝聚力。

法治文化的普及和提升，是农村现代化进程中的关键组成部分。改革开放以来，随着法治理念的深入人心和法律制度的完善，农村地区的法治建设取得了显著进展。农村干部和村民在法律知识和法治意识方面都有了显著提升，这不仅减少了权力滥用和不公正现象，也促进了社会秩序的稳定和公平正义的实现。在市场经济的背景下，村民开始自觉地运用法律手段维护自身合法权益，这反映了他们对权利和法律的新理解和新认识。

第二节　文化对农村社会治理的深层次作用

2013年12月，习近平总书记在中央城镇化工作会议上，指出城镇化建设"要体现尊重自然、顺应自然、天人合一的理念，让城市融入大自然，让居民望得见山、看得见水、记得住乡愁；要融入现代元素，更要保护和弘扬传统优秀文化，延续城市历史文脉"。文化在农村社会治理中同样扮演着至关重要的角色。它不仅是社会价值观和生活方式的载体，而且在维护社会秩序、增强社区凝聚力方面发挥着不可或缺的作用。农村地区的文化传统与习俗深深植根于其社会结构之中，对居民的行为模式和决策方式产生深远影响。

一、和谐生态文化与农村可持续发展

和谐生态文化在农村社会治理中扮演着极为关键的角色，特别是在推动可持续发展方面。其深层次影响可从两个主要方面进行探讨：一是和谐生态文化在促进农村环境保护和生态平衡中的作用；二是和谐生态文化在推动农村经济发展与文化传承中的重要性。

（一）和谐生态文化对农村环境保护和生态平衡有至关重要的影响

和谐生态文化在农村环境保护和生态平衡方面的作用，可从几个维度深入分析。环境问题在当今社会受到广泛关注，尤其是随着全球化进程的加速，环境污染、生态破坏等问题日益凸显，这就要求社会各界，特别是农村地区，更加重视生态环境的保护。和谐生态文化的核心理念在于推崇与自然和谐共生的生活方式，这一理念在农村地区的推广和实践，对于改善当地生态环境，实现可持续发展具有重要意义。

在农村环境保护方面，和谐生态文化的推广提高了农村居民的生态保护意识。在传统观念中，农业生产往往更多关注产出和效率，而忽视了对生态环境的长期影响。和谐生态文化的推广有助于改变这一状况，使农民在日常农业活动中更加注重生态平衡和环境保护。例如，通过推广生态农业、减少化肥和农药的使用，不仅能够保护土壤和水质，还能够提高农产品的质量，从而实现环境保护与经济效益的双赢。这种文化观念的深入人心，还能激发农民参与到更广泛的环境保护活动中，如植树造林、水源保护等，这些活动对于改善农村地区的生态环境，增强农村生态系统的自我修复能力，具有重要作用。

在维持农村地区生态平衡方面，和谐生态文化的推广同样发挥着关键作用。农村地区作为自然生态系统的重要组成部分，其生态平衡对于整个区域的环境健康至关重要。传统农业活动往往会导致生物多样性的下降，而和谐生态文化的推广有助于保护和恢复生物多样性。例如，通过推行混合耕作、多样化种植等生态农业模式，不仅可以提高土地的利用效率，还能够增加生态系统的复杂性和稳定性，有助于维护农村地区的生物多样性。尊重自然、保护生物多样性的理念，还能够引导农民更加合理地利用自然资源，避免过度开发和滥用，这对于保障自然资源的可持续利用，维持农村地区的生态平衡具有重要意义。

（二）和谐生态文化在推动农村经济发展与文化传承方面的重要作用

和谐生态文化对于农村经济发展与文化传承的重要性不容忽视。该文化观念在农村地区的深入普及，不仅促进了农业的可持续发展，也为地方文化的保护和传承提供了坚实基础。在全球化和现代化的大背景下，和谐生态文化的推广和实践，为农村地区的经济发展和文化复兴提供了新的路径和可能性。

在经济发展方面，和谐生态文化的核心在于平衡传统与现代、自然与人工的关系。在农业生产中，这种文化观念鼓励农民保持对传统农业技术的尊重和利用，也积极引入现代科技和管理方法。这种结合不仅有助于提高农业生产的效率和可持续性，还能保护农村生态环境，避免盲目的现代化对自然资源的过度开发。和谐生态文化还促进了农村经济的多样化发展。例如，生态旅游和绿色农产品等产业的兴起，不仅为农村地区提供了新的经济增长点，也有助于推广农村的传统文化和生态保护的理念。通过这些产业的发展，农村地区能够在保持其独特文化特色的同时，实现经济结构的优化和升级。

在文化传承方面，和谐生态文化的推广同样具有深远的影响。在现代化进程中，许多传统文化和技艺面临着消失的风险。和谐生态文化的理念强调对传统文化的尊重和保护，这有助于保持农村地区的文化多样性和历史连续性。通过挖掘和传承传统文化，例如，传统农耕技术、民间艺术和手工艺，农村地区不仅能够保护其文化遗产，还能够将这些传统元素融入现代生活，创造出独特的文化产品和体验。这种文化的传承和创新，不仅增强了农民的文化自豪感和归属感，也为农村社会的稳定和谐发展提供了强有力的文化支撑。

二、礼治文化与农村社会和谐秩序构建

礼治文化在农村社会和谐秩序的构建中发挥着至关重要的作用。根据哈耶克的理论，社会秩序可以分为命令式秩序和自由秩序，后者指的是在非强制性、非中央计划的环境下自然形成的社会结构。在这个框架下，农村的礼治文化可视为一种自由秩序的体现，它是在长期的社会实践和文化传承中自然形成的，不是由国家强制性制定和执行的，而是由社区成员共同遵守和维护的。

礼治文化的核心在于其深植于农村社会的传统和习俗之中。这些习俗和传统不仅仅是一套行为规范，更是社会共识和文化认同的体现。在农村社会中，礼治文化通过诸如乡规民约、宗法家规等形式得以具体化和规范化。这些规范不仅体现了农村社会成员之间的相互期望和责任，还为社会行为提供了明确的指引。例如，通过乡规民约中的各种规定，农村社会能够有效地处理内部的纠纷、维护社区的和谐与稳定。

在农村社会中，礼治文化还起到了自我约束和自我管理的作用。传统农

村社会中的成员往往内化了这些文化规范，将其作为日常行为的一部分。这种内化过程不仅是对个体行为的约束，更是社会和文化认同的体现。在这样的文化氛围中，农村社会能够有效地自我调节和管理，减少对外部力量，尤其是政府力量的依赖。这种自我管理的能力，使得农村社会能够在较低的成本下维持社会秩序和谐。

礼治文化的现代意义在于，它不仅是农村社会传统的保留和延续，还可以成为现代农村治理的有益补充。在当前社会转型和现代化的过程中，尊重和利用农村的礼治文化，对于构建新时代的农村社会和谐秩序具有重要意义。通过将现代社会的理念和内容融入传统礼治文化，例如，在乡规民约中加入现代法制、道德教育等元素，可以有效地引导农村社会成员适应现代社会的要求，同时保持农村社会的传统特色和文化认同。

三、新农村文化在农村社会治理中的功能

新农村文化是指在现代化进程中，农村地区所形成的一种包含传统元素和现代价值观念的文化形态。这种文化不仅继承了传统农村文化的核心价值，如亲情、邻里关系、对土地的依赖和尊重，还融入了现代社会的理念，例如，科技创新、可持续发展、法治意识和市场经济原则。新农村文化的核心在于适应现代社会的发展需求，同时保留农村文化的独特性和本质。新农村文化的形成是农村地区响应现代化、城镇化和全球化挑战的结果，旨在构建一个既传统又现代、既具有地方特色又融入全球视野的新型农村文化体系。新农村文化不仅有助于提升农村地区的综合竞争力和居民的生活质量，还能够促进农村社会的和谐稳定和可持续发展。

新农村文化在农村社会治理中的功能主要体现在以下三个方面：政治认同功能、经济推动功能、社会凝聚功能，如图 6-1 所示。

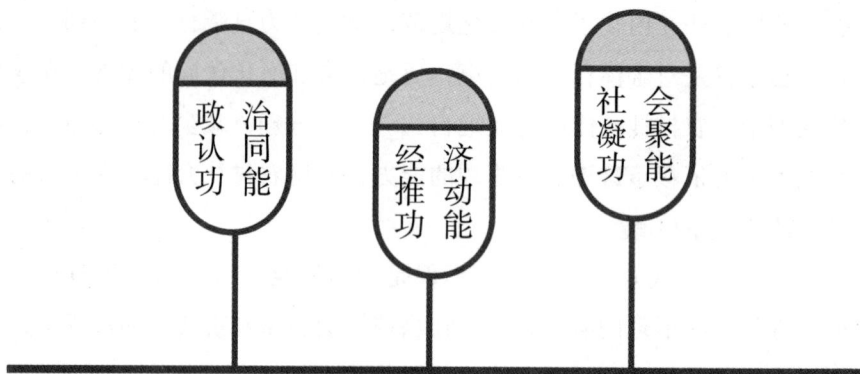

图 6-1　新农村文化在农村社会治理中的功能

（一）新农村文化的政治认同功能

新农村文化在促进农村社会对国家政治的认同方面发挥着重要作用。新农村文化不仅在传统农村文化的基础上融入了现代元素，还有效地增强了农村居民对国家政治的理解和支持。新农村文化通过提高政治认知、培育理性政治情感以及塑造良好的政治评价，构建了一种积极的政治认同氛围，这对于维护国家政治稳定和促进农村社会的健康发展具有至关重要的意义。

新农村文化提升了村民的政治认知水平。政治认知是政治认同的基础，它涉及村民对国家政治体系、法律法规、政府政策以及村民自治等方面的基本了解。在这个过程中，新农村文化起到了重要的教育和引导作用。通过各种渠道，如教育活动、文化宣传等方式，新农村文化帮助村民理解国家的社会主义本质、党的领导作用以及政府的"三农"政策等，这些知识的普及和深入人心为村民的政治认同打下了坚实的基础。在这个基础上，村民能够更加理性地理解和评价国家的政治决策，从而形成对党和政府的支持和信任。

新农村文化培育了村民的理性政治情感和良好的政治评价能力。理性的政治情感基于对政治现实的深入理解和正确的价值判断，这是政治认同的情感层面。在城乡差距扩大、村民社会地位变化的背景下，新农村文化在修复党群关系、增强村民对政治体系的信任方面显得尤为重要。通过新农村文化的宣传和实践，不仅增强了村民对国家政治的理解，还使村民在情感上与国家政治建立更加紧密的联系。这种情感上的认同有助于村民在面对国家政策和决策时，做出更加积极和理性的评价。新农村文化通过强调科学的价值观和理性的思维方式，引导村民在评价国家政治时，能够更加客观和公正，这对于维护政治稳定和促进农村社会的和谐发展具有重要作用。

（二）新农村文化的经济推动功能

新农村文化对农村经济的发展起着显著的促进作用。马克思主义理论强调经济基础与上层建筑之间的相互作用，其中文化作为上层建筑的重要组成部分，对经济发展具有显著的推动作用。在这一理论框架下，新农村文化作为一种适应市场经济的现代文化形态，对农村经济发展具有多方面的积极影响。

新农村文化为农村经济发展提供智力支持。这种文化强调对公民意识和自治精神的培养，激发村民的主体意识和创造力。在市场经济条件下，这种主体意识和创造力是农村经济发展的关键动力。村民在新农村文化的影响下，积极地参与到农村经济活动中，通过创新和创业推动经济的多元化发展。新农村文化还强调知识和信息的重要性，鼓励村民通过教育和学习提升自身能力，这对于提高农村经济的整体竞争力和适应市场变化的能力具有重要作用。

新农村文化促进了文化产业的发展，从而直接推动农村经济的增长。农村传统文化中蕴含着丰富的文化资源，如民风民俗、手工艺品等，这些资源在新农村文化的推动下可以实现产业化，成为农村经济发展的新动力。通过将传统文化转化为文化产品和旅游资源，不仅为农村经济带来新的收入来源，还有助于保护和传承传统文化，实现文化与经济的双赢。

新农村文化在促进农村经济可持续发展方面发挥着重要作用。和谐生态文化的理念帮助村民树立对环境保护的意识，避免了"先污染，后治理"的发展模式。这种对生态环境的重视有助于确保农村经济的长期可持续发展。法律文化的普及和强化能够规范村民的经济行为，保障经济活动的合法性和正当性，从而保护农村经济的健康发展。

（三）新农村文化的社会凝聚功能

新农村文化在增强农村社会的凝聚力方面发挥着关键作用。面对城镇化的快速发展和农村社会结构的变化，新农村文化通过节日文化以及公民自治文化，有效地促进了农村社会的团结和谐。

各种传统节日，如春节、中秋节、清明节等，不仅是家庭成员团聚的时刻，也是农村社区成员相互交流、加强联系的机会。在这些节日中，村民们通过参与各种传统活动，如庙会、赛龙舟等，增进了彼此之间的了解和友谊，从而增强了农村社会的凝聚力。公民文化和自治文化在新农村文化中的作用不容忽视。这些文化理念有助于改变传统的小农心态，鼓励村民积极参与农村公共事务，关心农村的公共福利。通过这种参与，村民之间形成了共同的目标和利益，增强了集体的凝聚力。公民文化和自治文化的推广和实践，有助于构建一个以共同利益和责任为纽带的农村社会共同体，这对于维护农村社会的稳定和谐具有重要意义。

四、新农村文化在农村社会治理中的作用

新农村文化在农村社会治理中扮演着极为重要的角色，其影响可谓深远且多维。在现代化和城镇化的大背景下，新农村文化作为一种融合了传统与现代元素的文化形态，不仅促进了农村社会的经济发展和增加了社会凝聚力，还加强了农村居民对国家政治的认同。新农村文化在农村社会治理中的作用主要体现在三个方面，如图6-2所示。

| 以家庭道德
促进农村社
会和谐发展 | 以民主法治
推动农村治
理民主法治 | 以农村自治
文化激发村
民公民意识 |

图 6-2　新农村文化在农村社会治理中的作用

（一）以家庭道德促进农村社会和谐发展

家庭道德作为新农村文化的核心组成部分，不仅反映了传统的价值观念，还融入了现代社会的伦理要求，从而在农村社会治理中起到桥梁和纽带的作用。这种文化的实践和推广，有助于构建和谐的家庭关系，进而影响到整个农村社会的稳定和发展。家庭道德在新农村文化中的体现，主要是强调家庭成员之间的相互尊重、责任和关爱。这种文化理念的推广有助于增强家庭内部的凝聚力，家庭作为个体情感支持和社会化教育的重要场所，家庭成员们在其中能够学习到如何处理人际关系、如何尊重他人以及如何承担社会责任，这些都是维护社会和谐与稳定所不可或缺的基本素质。家庭作为社会的基本单位，其内部的和谐与稳定直接影响到整个社区的氛围。当家庭道德得到良好维系时，它能够有效地推动农村社会的和谐与稳定，为农村社会的治理提供稳固的基础。

家庭道德的弘扬也对农村社会的广泛治理产生积极影响。在新农村文化的指导下，家庭道德的价值观被传递到社区和农村的更广泛层面。这种价值观的普及有助于构建一个互帮互助、和谐共生的农村社区。例如，家庭内部培养的关爱和责任感，可以延伸到对邻里、对社区的关心与支持。这种从家庭到社区的道德扩散，有助于形成一个团结协作、共同应对挑战的农村社会。在这样的文化氛围中，村民更加乐于参与到农村公共事务中，共同促进社会的和谐与进步。因此，家庭道德在新农村文化中的弘扬，不仅提升了家庭的和谐，还促进了整个农村社会的稳定与发展。

（二）以民主法治推动农村治理民主法治

民主法治文化在推动农村治理的民主化和法治化方面发挥着重要作用，这一作用体现在多个层面。随着改革开放和社会进步，民主法治文化在农村社会中逐渐深化，民主法治文化的发展和深化不仅改变了农村干部和村民的观念，还促进了整个农村治理体系的转型。在新农村文化的指导下，农村治理逐步从传统的官本位治理模式转向以民主法治为基础的现代治理模式。这种转变意味着农村干部和村民都需要树立新的治理观念，即认识到村民是农村治理的主体，他们的意愿和权益应当得到尊重和保障。这种认识的提升有助于构建一个更加公正、透明和有效的农村治理体系。

在新农村文化的影响下，农村民主法治文化的建设需要从主体性建设着手。对于基层干部而言，这意味着需要提升他们的民主观念和法治素养，改变传统的官本位思想，确保他们能够真正理解和尊重村民的民主权利。加强对村民的民主法治教育同样重要，这不仅有助于提高村民的法律意识和民主参与意识，还能够促使村民在日常生活中自觉依法行事，维护自身和集体的合法权益。除此之外，发展民主法治文化还需要完善相关的制度和政策，为民主法治文化的培育提供良好的制度环境和物质基础。这种制度和政策上的完善不仅能够保障民主法治文化的有效实施，还推动了整个农村治理体系朝着更加民主化和法治化的方向发展。

（三）以农村自治文化激发村民公民意识

新农村文化在激发村民公民意识方面具有重要作用，特别是在推动农村自治文化的发展中体现得尤为明显。农村自治文化的发展起始于经济领域的变革，其中家庭联产承包责任制的实施是关键，它不仅解放了村民的经济生产能力，也为村民自治精神的萌芽提供了土壤。经济上的自主权激发了村民的自治精神，使他们认识到通过自主决策和管理能够有效提高生产积极性。然而，这种自治精神扩展到政治领域并非易事，因为政治上的自治需要村民超越小农经济中的利己主义，关注更广泛的公共利益。在政治领域，农村自治不仅仅是关注自己的利益，更要关心整个村落的福祉，这就要求村民树立更为广阔的视角，考虑集体的利益和需求。

培育村民的公民意识，是发展农村自治文化的关键。公民意识包括对个人在社会、国家中地位的正确认识，以及对权利和义务的深刻理解。加强对村民集体主义教育，有助于村民理解个人利益与集体利益的辩证关系，认识到两者是相互依存和相互促进的。对领导干部的法治教育同样重要，确保他们能够带头尊重和保护村民的自治权利和民主权利。村民在公共事务中的积极参与，如参与村里基础设施建设、环境改善等活动，是培育公民意识的有效途径。这种参与不仅增强了村民对村落共同体的认同感，还激发了他们的主人翁意识和责任感。通过这些方式，农村自治文化的发展能够逐步转化为村民更加成熟的公民意识，为农村社会治理提供坚实的文化基础。

农村自治文化的深化不仅体现在经济自主权的实现，更在于政治领域对村民自治精神和公民意识的培养。通过农村自治文化的推广和实践，新农村文化为农村社会的民主化和法治化提供了坚实的支撑，为构建更加和谐、有效的农村社会治理体系奠定了基础。

第三节　以治理现代化为取向的农村文化体系建设

构建当代农村文化体系，需采取综合性策略，其中政府的主导作用不容忽视。增加对农村文化建设的资金投入是基础，应确保有足够的资源用于文化发展。重视人才队伍的引进和培养，这是农村文化发展的关键驱动力。对于农村文化资源的评估体系建设，是理解和利用这些资源的前提，只有准确评估才能有效利用。文化产业的发展是实现文化价值和经济价值双重提升的重要途径。

一、加大对农村文化建设的投入

政府是农村文化建设的领导者，在农村文化建设方面发挥主导作用，政府应当加大对农村文化建设的财政支持力度和基础设施建设的力度。

（一）加大农村文化建设的财政支持力度

农村文化建设的财政支持力度对于农村文化的发展至关重要。政府的财政投入作为农村文化建设的主要动力，其稳定性和充足性直接决定了农村文化建设的质量和效果。政府需要重视职能的转变，将更多的资源和注意力从经济建设转移到文化建设上来。这一转变意味着政府不仅要在财政预算中为农村文化建设划拨更多的资金，还要确保这些资金的持续和稳定。在当前经济发展迅速的背景下，政府财政收入的增长为农村文化建设提供了良好的资金来源。然而，仅仅增加投入并不能完全解决问题，更重要的是要进行机制创新，确保农村文化建设的资金支持与政府财政收入增长相匹配。建立刚性的财政支出机制，确保政府对农村文化事业的投入增长速度不低于财政收入的增长速度，这对于实现农村文化建设的长期可持续发展具有重要意义。

农村文化建设的财政支持不仅要关注数量，还要注重效率和效果。财政支持应当针对农村文化发展中的关键领域和急需解决的问题。例如，资金可以用于提升农村文化设施、支持农村文化人才的培养、发展农村文化产业以及保护和挖掘农村文化遗产等。这些投入应当根据农村文化的实际需求和发展潜力来合理分配，确保每一分钱都能发挥最大的效益。财政支持还应考虑到农村文化的多样性和地区差异，采取更加灵活和有针对性的支持策略。通过这些综合措施，政府的财政支持不仅为农村文化建设提供了坚实的经济基础，还为农村文化的多元发展和长期繁荣奠定了基础。

（二）加大农村文化基础设施建设力度

农村文化基础设施建设是农村文化发展的物质基础，对于提升农村文化水平和满足村民文化需求具有重要作用。尽管改革开放以来，农村基础设施建设取得显著成就，但相对于电网、道路等基础设施的建设，农村文化基础设施的建设仍显不足。当前，农村文化基础设施的建设需要更多的关注和投入。这包括但不限于传统的广播、电视网络建设，还应扩展到互联网网络、农村图书馆、多媒体文化室等现代文化设施。通过这些文化设施的建设，可以极大地丰富村民的文化生活，提升他们的文化素养，增强他们对文化的参与感和获得感。

加大农村文化基础设施建设的力度，不仅是提供物质设施的过程，更是一种文化环境的营造。农村文化设施的完善，将为村民提供更多参与文化活动的机会，满足他们多元化的文化需求。例如，农村图书馆和多媒体文化室不仅是阅读和学习的场所，也是村民交流思想、分享知识的平台。网络基础设施的建设将农村与外界连接起来，使村民能够接触到更广泛的信息和知识，开阔他们的视野。通过这些文化基础设施的建设，农村文化将更加丰富多彩，村民的文化生活将更加充实，从而促进了整个农村社会的文化发展和社会和谐。

加大农村文化基础设施建设的力度，不仅是对物质条件的改善，更是对农村文化环境的全面提升。这不仅满足了村民当前的文化需求，也为农村文化的长远发展奠定了坚实的基础。通过这种方式，农村文化基础设施的建设将成为推动农村文化繁荣发展的重要支撑，为农村社会的全面进步提供坚实的文化保障。

二、重视人才队伍的引进和培养

人才建设是农村文化建设的关键。党的二十大报告中指出："深入实施人才强国战略。培养造就大批德才兼备的高素质人才，是国家和民族长远发展大计。功以才成，业由才广。坚持党管人才原则，坚持尊重劳动、尊重知识、尊重人才、尊重创造，实施更加积极、更加开放、更加有效的人才政策，引导广大人才爱党报国、敬业奉献、服务人民。完善人才战略布局，坚持各方面人才一起抓，建设规模宏大、结构合理、素质优良的人才队伍。加快建设世界重要人才中心和创新高地，促进人才区域合理布局和协调发展，着力形成人才国际竞争的比较优势。"[1]

（一）建立和完善文化人才选拔机制

建立和完善文化人才选拔机制对于农村文化建设具有重要意义。这一机制的完善需要将"外部引入"与"内部发掘"相结合，形成一个全面、有效的人才发掘和培养体系。在"外部引入"方面，政府和相关机构应制定具体的人才队伍建设规划，通过完善人员的机构编制和待遇保障，吸引优秀的文化人才加入到基层文化建设中来。这不仅涉及人才的引入，也包括对其职业生涯的规划和发展路径的设计，确保文化人才能在基层文化建设中发挥最大的作用。"内部发掘"同样重要，这意味着要关注和挖掘基层社会中的文化能人，尤其是民间文化传人和非物质文化遗产的传承人。这些人才是农村文化的宝贵资源，对于保护和传承农村文化具有不可替代的作用。为了更有效地发掘和培养这些人才，需要建立一个包容、开放的文化环境，提供必要的培训和支持，使他们能够在农村文化建设中发挥更大的作用。

（二）建立和完善文化人才培训机制

建立和完善文化人才培训机制对于解决农村文化人才队伍中的学历偏低、专业人才缺乏和老龄化问题至关重要。这一机制的核心在于提高文化人才的整体素质和专业能力，形成多层次、多维度的文化人才培养体系。在实施文化人才培训机制时，应注重制订科学合理的人才培训计划，这不仅包括基础知识的学习，还包括专业技能的培养和实践能力的提升。建立文化人才终身学习的机制，鼓励文化人才不断更新知识，提高自身的知识素养，适应不断变化的文化发展需求。同时对于专业性较强的文化人才，应实施专门的培养计划，确保他们在特定领域有较深的造诣，满足农村文化发展的专业需求。

培养青年文化人才也非常重要，它有助于形成老中青三代人才梯队，保

---

[1] 习近平.高举中国特色社会主义伟大旗帜　为全面建设社会主义现代化国家而团结奋斗：在中国共产党第二十次全国代表大会上的报告 [N].人民日报，2022-10-16（1）.

障文化人才队伍的持续更新和发展。青年文化人才的培养应注重创新和实践能力的提升，使他们能够在乡村文化建设中发挥重要作用。加强文化人才培训基地和培训平台的建设，是实现文化人才培养目标的重要措施。通过这些培训基地和平台，可以为文化人才提供更多学习和实践的机会，广泛开展各类人才培训活动，促进文化人才的全面发展。

（三）加强文化人才的职业道德建设

加强文化人才的职业道德建设是农村文化建设中不可忽视的重要环节。当前，农村文化人才队伍中存在诸多问题，如脱离群众、作风浮躁、格调低俗等，这严重影响了农村文化建设的质量和效果。因此，重视并加强文化人才的职业道德建设显得尤为迫切。职业道德建设的核心在于德才兼备、德艺双馨，这意味着文化人才不仅要有才能，更要有高尚的道德情操和良好的职业品质。只有道德和才能兼具，才能成为真正高素质的文化人才。

加强文化人才的职业道德建设需要引导他们遵守职业道德准则和职业纪律。这包括树立职业责任意识，深入理解和尊重文化工作的社会价值和影响。文化工作者应当培养高尚的道德情操，树立优良的道德品质，这不仅是个人职业发展的需要，也是对社会负责的表现。文化人才应当深入群众、深入生活，脚踏实地地工作，这样才能真正理解和反映人民群众的需求和期望，为他们创作出真正有价值、有意义的文化作品。

三、建立农村文化资源评估体系

建立农村文化资源评估体系对于有效利用和保护农村文化资源具有重要意义。这一体系能够帮助准确识别和评价农村地区的文化资源，包括传统习俗、民间艺术、非物质文化遗产以及自然景观等。通过科学的评估，可以明确这些文化资源的价值和潜力，从而制定更为合理和高效的保护、开发和利用策略。这不仅有助于保护和传承农村的文化遗产，还能够促进农村文化的可持续发展，提升农村文化的社会影响力和经济价值。文化资源评估体系的建立还有利于引导政府和社会资源向有价值、有潜力的文化资源倾斜，优化资源配置，加强乡村文化的整体建设和管理。

（一）确立农村文化资源的调研对象

确立农村文化资源的调研对象是农村文化保护和发展的基础工作。农村文化资源的多样性和独特性要求调研工作必须全面而细致。乡村特色建筑作为历史文化的见证，涵盖了从古建筑、历史遗址到具有地方特色的现代建筑等各种形态，它们不仅承载着历史信息，还展现了该地区的建筑风格和文化传统。自然资源，如独特的水系、地形地貌以及地方特产，构成了农村文化的自然背景，反映了地区的自然环境和生态特征。民间传说和地名典故等非物质文化遗产，是了解乡村历史和文化的重要线索，它们蕴含着丰富的文化信息和社会价值。民俗风情则体现在村民的生活方式、传统习俗和地方节日等方面，其直观地展现了乡村的文化特色和社会风貌。

（二）对农村文化资源进行鉴别和归类

鉴别和归类农村文化资源是实现农村文化资源保护与发展的关键步骤。在文化资源丰富的地区，特别是少数民族聚居的乡村，建立文化资源调研领导小组对于有效管理和利用这些资源至关重要。这样的机构不仅能够专门负责文化资源的调查、分类和保护工作，还能确保文化资源的合理开发和利用。对于物质文化遗产，如古民居、古建筑等的普查工作，是保存乡村历史和文化遗产的基础。对民间艺术家的详细记录，包括性别、年龄、特长和所在村落，是非物质文化遗产传承的重要保障。

除了对文化资源的初步调查和记录，动态调研和监管也同样重要。对于已经登记的文化资源，需要定期进行跟踪检查，确保它们的完整性和安全性。文化立法对于文化资源的长期保护至关重要，它能够为文化资源的保护提供法律支持和指导。对于已经开发的文化资源，则需要进行持续的保护和管理，确保其可持续利用。最后，通过对每个乡镇、村寨的文化资源进行特色宣传，定期举办文化资源展示活动，不仅能够提升农村文化资源的知名度，还能够促进各乡镇之间以及县城之间的文化交流，为农村文化产业的合作和发展提供平台和渠道。

（三）建立文化资源评估机制

建立文化资源评估机制对于挖掘和利用我国乡村的丰富文化资源至关重要。尽管我国乡村拥有众多文化资源，但未经有效评估和规划，这些资源往往难以转化为实际的文化资本。缺乏评估容易导致资源的无序竞争和同质化，进而引起资源的重复建设和浪费。因此，文化资源评估机制的建立可以促进文化产业的合理布局和结构调整，有效改善农村文化产业的规模小、分散、无序等问题，进而促进文化精品项目的打造。

为了得到合理的评估结果，评估机制必须遵循客观性原则、数量化原则和可比性原则。这意味着在进行文化资源评估时，要客观分析资源的价值和潜力，避免带有主观色彩和宗教色彩的判断，同时采用量化的方法并确保评估结果具有可比性。城市在文化资源评估方面的经验对于乡村文化资源评估具有重要的借鉴意义。城市文化资源评估的成熟方法和经验可以帮助附近的农村地区制定合理的评审维度，提升农村文化的档次，为农村文化企业发展提供方向指导和建设性意见。

四、推动文化产业的发展

（一）拓宽农村文化产业投资渠道

在当前农村社会治理中，推动农村文化产业的发展是一项重要任务，而拓宽农村文化产业投资渠道是实现这一目标的关键策略。传统的农村文化产业多依赖于有限的资金来源，如政府投资或地方性小规模资助，这在一定程度上限制了农村文化产业的发展空间和潜力。因此，开拓更广泛的投资渠道，引入多元化的资金来源，对于促进农村文化产业的多样化发展和提升其市场竞争力具有重要意义。

拓宽投资渠道可以通过营造良好的投资环境、提供税收优惠、简化审批流程等措施来实现。政府可以通过设立专项基金或补贴等方式，鼓励私人和企业投资于农村文化产业。引入金融机构如银行、投资基金等的参与，为农村文化产业提供贷款和融资支持，也是拓宽投资渠道的有效途径。在金融创新方面，可以考虑文化产业基金、文化债券等金融产品的开发，以吸引更多的社会资本。这种多元化的资金来源将为农村文化产业的发展提供更加稳定和广泛的资金支持。

拓宽投资渠道需要建立健全的市场机制，提升农村文化产业的市场化程度。通过完善农村文化市场的运作机制，建立透明、高效的市场环境，可以吸引更多的投资者参与到农村文化产业中来。加强农村文化产业的品牌建设和营销策略，提高产品和服务的市场竞争力，也是吸引投资的重要渠道。鼓励和支持农村文化企业与城市文化企业的合作与交流，利用城市文化产业的资源和市场优势，可以为农村文化产业的发展提供更多机会。

（二）发展农村优势文化资源产业

发展农村优势文化资源产业在农村社会治理中具有显著的作用，这一过程不仅有助于挖掘和保护农村丰富的文化遗产，还能够带动农村经济的发展，提升农村地区的整体生活水平和文化品质。农村地区拥有独特的文化资源，如传统手工艺、民俗活动、历史遗迹和自然风光等，这些资源如果得到合理开发和利用，将成为推动农村文化产业发展的重要动力。在发展农村优势文化资源产业的过程中，重点应放在保护和活化这些文化资源上。这需要政府、企业和社区的共同努力，通过制定有效的保护措施，防止文化资源的过度开发和商业化泛滥，同时创新开发模式，使文化资源在保持原有特色的基础上转化为可持续的经济增长点。

发展农村文化产业还需要强化文化与经济的融合。这意味着不仅要注重文化资源的保护和传承，也要探索其经济潜力，将文化资源与旅游、手工艺品制造、文化创意等产业相结合。例如，通过发展乡村旅游，可以将传统村落、民俗活动等文化资源转化为旅游吸引力，为当地带来经济收益的同时，也促进了文化传承。同样，传统手工艺品的保护和发展，不仅能够保存独特的文化遗产，还能为农村带来经济效益，增强农村居民的自豪感和文化认同感。利用现代科技手段，如数字化和网络平台，也能够提升农村文化资源的知名度和影响力，为农村文化产业的发展开辟新的渠道。

（三）着力发展农村创新型文化产业

在当前农村社会治理的背景下，着力发展农村创新型文化产业成为一项重要的战略举措。这种发展策略不仅涉及对传统文化资源的现代转化和创新利用，还包括利用新技术和新理念来推动农村文化产业的升级。农村创新型文化产业的发展，可以激活农村地区的文化潜力，同时带动经济增长，提高农民的生活质量，促进社会和谐稳定。创新型文化产业的核心在于融合传统与现代，将农村独有的文化资源与现代科技、新兴媒介和市场机制结合起来，形成具有特色和竞争力的文化产品和服务。例如，将传统手工艺与现代设计理念相结合，开发符合现代消费者口味的文化产品；利用数字技术对传统文化进行创新表达，扩大其影响力和市场覆盖范围。

农村创新型文化产业的发展还需要建立在深入的市场研究和精准的市场定位的基础上。这意味着，农村文化产业的发展不仅要考虑文化内涵的保护和传承，也要充分考虑市场需求、消费者偏好和行业趋势。通过市场导向的产品开发和营销策略，使农村创新型文化产业可以更好地满足市场需求，实现可持续发展。加强农村文化产业与旅游、教育、娱乐等其他产业的融合，可以打破传统产业界限，创造更多增长点和利润空间。

第七章 农村社会治理的创新发展

随着农业现代化和农村城镇化的不断深入，农村社会结构经历了显著的变化，进而对农村社会治理提出了新的挑战。在这一背景下，人口分化的加剧导致农村社会治理的对象和范围日益扩大，治理任务变得更加复杂和多变。在此情形下，以习近平同志为核心的党中央采取了问题导向的策略，紧密结合农村发展的实际情况，对农村社会治理的不同领域进行了科学而稳健的推进。具体而言，这包括了农村社会生产治理、环境治理、贫困治理以及社会组织治理等关键领域。这些综合治理措施旨在有效应对农村社会发展过程中的新问题和挑战，实现农村社会的稳定和谐与持续发展。

第一节 农村社会生产治理

农村社会生产治理在经济社会发展、国家安全稳定以及人民群众健康方面扮演着至关重要的角色。农业面源污染的有效控制不仅是确保农产品产地安全、保障粮食安全和提高农产品质量的迫切需要，也是改善农业生态环境、加快转变农业发展方式及实现农业可持续发展的内在要求。在这一背景下，以习近平同志为核心的党中央高度重视农村社会生产治理，尤其是在粮食安全和农产品安全等方面的工作，并将其上升为党治国安邦的重大事项和对党执政能力的重要考验。这一策略的实施，不仅体现了党和国家领导层对党、国家和人民的深度责任感，也显著提升了国家治理体系和治理能力的现代化水平。

农村社会生产治理的实践有效地融入了国家治理体系之中，为"健康中国"建设做出了积极贡献。对农业面源污染的治理，不仅保障了农产品的安全和质量，还促进了农业生态环境的持续改善，为农业可持续发展奠定了坚实基础。这种治理策略的实施，是对农业生产方式和农村社会治理模式的现代化转型，展现了党和政府对农业发展和农村治理的新理念、新策略。因此，农村社会生产治理工作不仅是国家治理体系和治理能力现代化的重要组成部分，也是构建"健康中国"、保障国家经济社会发展和国家安全稳定的关键环节。

一、保障粮食安全生产

粮食安全治理是国家安全战略的关键组成部分，对于维护国家稳定具有重大意义。粮食安全治理作为一个复杂的社会经济问题，涉及众多利益相关者，并要求国家在多方利益协调和信息对称性管理上进行有效制度安排。这种制度安排旨在通过一系列保障和激励机制，确保粮食安全的可靠运转，从而实现国家的粮食安全目标。

对于人口众多的发展中国家而言，确保粮食供应的稳定性是国家治理的重要组成部分。粮食安全不仅关乎民生福祉，也是维护社会稳定和经济发展的基础。党和政府在粮食安全治理方面的态度和行动，反映了其国家治理理念和治理能力的成熟度。在国家治理框架内，粮食安全的保障策略需立足国内生产自给，同时合理运用国际市场资源，通过科技进步和创新，增强粮食生产的可持续性和自给能力。国家粮食安全战略应注重本国的粮食生产能力，同时结合国际市场资源和科技支持，形成一个全面、协调和可持续的粮食安全保障体系。这样的策略不仅有利于保障民众的基本生活需求，还能够在更广泛层面上维护经济社会的稳定与长期发展。在这些理念的指导下，党中央确立了坚持以我为主、立足国内、确保产能、适度进口、科技支撑的国家粮食安全战略。

在农村社会治理领域中，对粮食安全生产的重视是确保国家稳定和社会发展的关键因素。粮食安全生产环节的治理，关系到粮食供应的稳定性和可靠性，并直接影响国家的粮食安全和人民福祉。保护粮食安全的创新举措如图 7-1 所示。

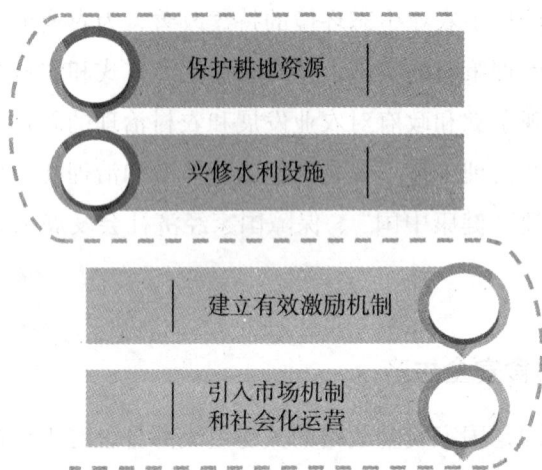

图 7-1　保护粮食安全的创新举措

（一）保护耕地资源

耕地资源作为粮食生产的基本条件，对其进行保护和合理利用对于确保粮食安全具有决定性意义。农业发展的历史和实践经验表明，耕地资源的质量和数量直接影响到农业生产的可持续性和效率。因此，保护耕地资源是保障农村粮食安全的基础工作，需要从多个方面进行系统和全面的考虑。

保护耕地资源需要从立法和政策层面加以保障。应制定和实施相应的法律法规，确保耕地资源的保护和合理利用。这包括限制非农业用途的耕地转用，加强对耕地占用的管理和监督，确保耕地资源不被过度开发和破坏。应建立健全的耕地质量监测体系，对耕地的土壤质量、水源条件和生态环境进行定期监测，及时发现并处理影响耕地生产能力的问题。保护耕地资源还需从提高农业生产效率和可持续性出发。推广节水灌溉、有机耕作和生物多样性保护等可持续农业技术，既能提高耕地的生产效率，又能保护和改善耕地的生态环境。这种可持续的耕作方式有助于维护耕地的长期生产能力，减少环境污染和生态破坏。应倡导科学的土地管理和作物轮耕制度，通过合理安排种植结构和作物品种，提高土地的利用效率，同时减少病虫害和土壤退化。

加强耕地资源的科学管理和利用是保障粮食安全的另一个重要方面。这包括利用现代信息技术和大数据分析，优化耕地资源的配置和管理；通过先进的农业技术，实现耕地的精细化管理，提高农业投入的效率和精度；鼓励和支持农民采用科学的耕作方法和先进的农业技术，提升耕地的生产能力。

保护耕地资源还需要加强对农民的培训和教育，通过提高农民对耕地保护重要性的认识，增强他们的环保意识和可持续发展能力，组织农民参加农业技术培训，提升他们的农业生产技能和管理水平。也可以通过提供适当的政策和经济激励，鼓励农民采取保护耕地资源的行动，如实施生态补偿机制和提供绿色农业补贴。

（二）兴修水利设施

水资源作为农业生产的基本要素，其有效管理和利用直接关系到农作物的生长、产量和品质，进而影响到粮食安全。在农业生产中，合理的水利设施能够确保农作物获得充足和均衡的水分供应，减少由于干旱或水灾等自然因素引起的农作物损失，从而提高农业生产的稳定性和可靠性。现代化的灌溉系统，如滴灌、喷灌等节水灌溉技术，不仅能提高水资源的使用效率，减少水资源的浪费，还能根据作物的生长需求精准供水，优化农业生产环境。

除了灌溉系统的建设和改造，水库、渠道和排水系统的建设和维护也是水利设施的重要组成部分。这些设施能够有效调控水资源，保证农业生产中水分供应的连续性和稳定性，特别是在干旱或多雨的季节中，它们发挥着至关重要的作用。水利设施的建设还与农村地区的生态环境保护密切相关。通过合理规划和管理水利设施，可以减少水土流失，保护农田土壤，提高土地的生产潜力，为农业可持续发展奠定基础。

水利设施的兴修还需要考虑到科技的应用和创新。运用现代信息技术和智能化管理系统，如遥感技术、GIS（地理信息系统）等，可以实现对水资源的实时监测和精准管理，及时调整灌溉策略，应对气候变化和极端天气条件的影响。这种科技与水利设施相结合的策略,不仅提升了水利设施的效率和功能,还增强了农业生产对环境变化的适应能力。

(三)建立有效激励机制

建立有效的激励机制能够动员和优化各方资源和力量,促进粮食生产的效率和质量。有效的激励机制不仅涉及经济利益的直接激励,如价格支持、补贴政策等,还包括非经济激励,如荣誉表彰、技术培训等。在经济激励方面,合理的价格政策和市场机制能够鼓励农民增加粮食生产的积极性,通过直接补贴或价格保护等措施,增强农民的获利预期,提高他们对粮食生产的投入和关注。农业保险制度的建立也是一种重要的激励机制,它能够降低农民面临的生产风险,鼓励他们采取更加积极的经营策略。

非经济激励则关注于农民的长期发展和能力建设。例如,通过提供农业技术培训和推广服务,提升农民的农业生产技能和管理能力,这不仅有助于提高农业生产效率,还能够激发农民对新技术和新方法的接受和应用。建立农民荣誉表彰制度,对在粮食生产和创新方面作出突出贡献的农民进行表彰和奖励,能够提高农民的社会地位和自豪感,增强他们对农业事业的热情和归属感。在实施激励机制时,需要注意其针对性和有效性。不同地区和不同类型的农业生产可能需要不同的激励方式和政策支持。因此,制定激励机制时应充分考虑地方特色和实际需求,同时定期对激励效果进行评估和调整,确保激励机制能够有效发挥作用。

(四)引入市场机制和社会化运营

在保障农村粮食安全的多元策略中,引入市场机制和社会化运营对于优化粮食生产、分配和消费具有重要意义。市场机制的引入意味着粮食生产和销售更多地依赖于市场供求关系、价格机制和竞争规则,从而激发农业生产者的积极性,提高农业生产效率。市场导向可以使农民更加敏感地响应市场变化,调整作物种植结构和生产策略,使之更贴近市场需求。这种灵活性对于应对市场波动和消费需求的变化至关重要。市场机制的引入还能够促进农业资源的有效配置，通过市场竞争促使资源流向更有效率的生产者手中，从而提高整体农业生产的生产力。社会化运营的推行则是通过引入非政府组织、企业或合作社等社会力量参与农业生产和管理，以实现农业生产的多元化和现代化。这种运营模式能够引入更多的资本、技术和管理经验，为传统农业带来创新和活力。例如，合作社和农业企业可以通过集中采购、统一销售等方式，降低成本，提高效率，同时为农民提供更好的服务和技术支持，社会化运营还有助于建立更加完善的农业服务体系，提供如财务管理、市场分析、技术培训等多方面的支持，助力农民提升生产能力和市场竞争力。

二、农产品的质量安全与生产安全

（一）党的执政能力是保障农产品质量安全的基础

确保农产品质量安全是国家治理体系和治理能力现代化的重要体现，反映了一个政党执政能力的高度。在当前的社会发展背景下，党的治理能力在保障农产品质量和食品安全方面展现了其核心作用。农产品质量和食品安全不仅关系到人民群众的身体健康和生活质量，也是国家稳定和民族未来的重要保障。因此，一个政党如何有效地治理和保障农产品质量安全，成为衡量其执政能力的重要标准。

党的治理能力在农产品质量安全领域的体现主要包括制定和实施相关政策、法规以及监管机制。这涉及对农业生产全过程的管理，包括产地环境保护、农业投入品的使用管理、农药和兽药残留控制、农产品品牌建设以及农产品质量标准制定等多个方面。通过这些综合治理措施，政党能够从根本上保障农产品的质量和安全，为人民群众提供安全、健康的食品。

（二）农产品质量安全治理要抓好生产安全

农产品的质量安全从生产源头开始，涉及整个农业生产链的每一个环节。源头治理，作为提高农产品质量安全的根本策略，关键在于规范农户的生产行为，以保证农产品从生产阶段起就达到安全标准。这要求在农业生产的各个阶段实施严格的监督和管理措施，从土壤和水资源的保护、农业投入品的合理使用到农产品加工和销售环节都要实施安全控制。

加强农兽渔药残留的超标治理，严格控制食用农产品添加剂的使用，确保农产品在生产环节的安全性和合规性。推广"三品一标"认证，提高农产品生产经营主体的质量安全责任意识，是保障农产品质量安全的有效手段。这一认证制度能够引导农产品生产经营者规范种植养殖行为，提升其对农产品质量安全的自律意识，实现从依赖个人责任向制度化治理的转变。

农户生产经营的组织化程度的提高同样对保障农产品质量安全起到关键作用。组织化生产能够有效减少信息不对称带来的农产品质量问题，同时提高农产品的整体管理和监督水平。农民合作社在农产品质量治理中的作用不容忽视，它通过利益共享机制、重复博弈机制、关系嵌入机制和权力约束机制，加强对农产品生产源头的组织和治理，有效保障农产品的质量安全。农民合作社还通过实施有效的质量控制措施，提升农产品的安全标准和质量，为消费者提供安全可靠的农产品。

（三）安全监管是保障农产品质量安全的治理手段

法律手段的应用在确保农产品质量安全的治理中起着基础性的作用，它为农业生产提供了规范化的框架和指导。随着农业现代化的推进，立法在解决农产品质量安全问题上的作用愈发显著，其中包括对农产品生产、加工、销售等环节的全面覆盖。通过法律的规范，可以有效地指导和约束农户、企业和市场的行为，确保农产品生产过程的合规性和安全性。

加强源头治理和全程控制是提高农产品质量安全水平的核心。通过实施耕地保护与质量提升行动，加强安全监管和标准建设，农产品的质量安全得以从生产源头得到保障。严格的农兽渔药残留管理和食品添加剂控制标准也是确保农产品质量安全的关键措施。在此过程中，生产经营主体的责任意识被强化，农产品生产行为趋于规范化。农产品质量安全治理体系和能力的现代化是通过提高监管工作的重要性和紧迫性，保持严打态势，不断推进的。

农产品质量安全管理的多元化机制是另一个关键方面。除政府监管外，市场机制的介入对于解决农产品质量安全问题至关重要。政府强制性的监管机制与有效的企业治理机制共同构成了解决农产品质量安全问题的长效机制。社会治理格局的建立，包括政府、生产经营者、消费者、媒体、行业协会及其他利益相关者之间的沟通联动机制，对于打造保障农产品质量安全命运共同体具有重要作用。

我国近年来在农产品质量安全治理上的成效显著。专项整治行动的开展，严厉打击了违法违规生产加工，以及《中华人民共和国农产品质量安全法》的实施，都大大提高了农产品的消费安全、质量安全和国际竞争力。农业农村部发布的治理农业污染的目标，包括逐步减少化肥农药的使用，也在有效控制农业投入品及环境污染对农产品质量安全的影响。农产品生产正向规范化、标准化转变，生产全过程质量控制的实施，提高了农产品的整体质量，构筑了食品安全全程控制体系。这些措施表明了我国在农产品质量安全治理上的持续努力和成效，体现了国家治理体系和治理能力现代化的进步。

第二节　农村社会环境治理

环境治理在农村社会治理中占据着至关重要的位置，它同样是国家治理体系的一个关键组成部分。鉴于我国辽阔的农村地域和农民生活的密切关联，农村环境的好坏直接影响农民的生活和生产活动。如今，农村环境治理已成为继土地问题、公共服务供应以及农村民主等一系列农村社会治理问题之后的新挑战。当前，农村环境问题已对广大农民的生产和生活质量构成威胁，若不及时采取措施，将对社会主义新农村的建设以及农村社会的和谐稳定造成影响。以习近平同志为核心的党中央对农村社会环境治理给予了高度重视。特别关注的领域包括农村的生态环境、安全环境以及人文环境，旨在通过这些治理实践确保农村的美丽、稳定和文明。这样的努力不仅是国家治理领域的重要扩展，也是推进社会主义新农村建设和实现"美丽中国"构想的关键步骤。

一、农村生态环境治理

生态环境治理在农村社会治理中扮演着至关重要的角色，对于国家治理体系的完善和发展同样具有深远的意义。随着经济社会的发展，农村生态环境治理的重要性愈发凸显。农村生态环境直接关联到农民的生产和生活质量，其优化和改善是实现社会主义新农村建设和农村和谐稳定的关键。

农村生态环境治理工作的加强，特别是对生态环境各个方面的综合治理，是确保农村美丽、农村稳定和农村文明的重要措施。农村生态环境治理工作的核心在于加强源头治理，规范农户生产行为，实施耕地保护与质量提升行动，以及推进农产品产地环境质量类别的划定。通过加快标准建设、加强安全监管和强化农兽渔药残留超标治理等措施，可以有效提升农村生态环境的整体质量。农村生态环境治理需要通过加强环境专业管理部门和专业管理人员的建设，提高治理效果。合理的农业种植方式和经济发展模式对农村生态环境的改善具有重要意义。加大对农村生态环境基础设施的投入，特别是在生态文明建设上的关注和投入，对于缩小城乡差距、改善农村生态环境有重要作用。

在加强农村生态环境治理的同时，提高农村居民的环保意识，鼓励他们积极参与到农村生态环境的治理中，是提升治理效果的关键。加强农村生态环境保护监管，建立地方监管体系，对土壤、水质、空气等进行实时监测和监管，也是改善农村生态环境的重要手段。农村生态环境治理和生态文明建设受到党中央、国务院的高度重视，成为国家治理体系的重要组成部分。随着人民生活水平的提高，农村生态环境问题逐渐成为社会关注的焦点。为此，国家出台了一系列政策和法律，明确了农村环境保护的基本原则和具体措施，强调政府主导与公众参与相结合的治理模式。

建设新型社会主义农村是实现农村生态环境治理的重要目标。党对新农村建设作出系统部署，提出了一系列战略举措。这些举措旨在通过加强农村生态建设、环境保护和综合整治，推动美丽农村的建设。重大生态修复工程的实施、农作物秸秆的综合利用、农村垃圾和污水的处理、土壤环境的治理等，均是改善农村生态环境的关键步骤。农村旅游和休闲农业的发展、生态文明示范县和示范村镇的创建，宜居村镇建设的综合技术集成示范，都是农村生态环境治理的重要组成部分。深入推进新农村建设需加强农业生态治理，全面推进农村人居环境整治，加强农村生态文明建设。党的十八届五中全会强调加大环境治理力度，以提高环境质量为核心，实行最严格的环境保护制度。《中华人民共和国环境保护法》对农村环境保护中各级政府及相关部门和机构的责任做了明确规定。党中央特别强调生态文明体制改革和美丽中国建设，推进绿色发展，着力解决突出环境问题，加大生态系统保护力度。

在解决突出环境问题和生态系统保护方面，坚持全民共治、源头防治的原则至关重要。这包括持续实施大气污染防治行动，加快水污染防治，实施流域环境和近岸海域综合治理，加强土壤污染管控和修复。农业面源污染防治和农村人居环境整治行动的开展，固体废弃物和垃圾处置的加强，都是农村生态环境治理的重要环节。提高污染排放标准，强化排污者责任，完善环保信用评价、信息披露和严惩重罚等制度，也是治理农村生态环境的重要措施。实施重要生态系统保护和修复重大工程，优化生态安全屏障体系，构建生态廊道和生物多样性保护网络，提升生态系统质量和稳定性，是国家治理体系中不可或缺的环节。完成生态保护、永久基本农田、城镇开发边界三条控制线的划定工作，开展国土绿化行动，推进荒漠化、石漠化、水土流失综合治理，强化湿地保护和恢复，加强地质灾害防治，完善天然林保护制度，扩大退耕还林还草，严格保护耕地，扩大轮作休耕试点，建立市场化、多元化生态补偿机制，这些都是构建生态文明和实现美丽中国建设的重要措施。

农村生态环境的保护和管理成为当前重要的社会任务，体现了国家治理体系和治理能力现代化的方向和目标。通过这些全面的措施，不仅可以改善农村的生态环境，还能提升农村居民的生活质量和文明水平，推动农村生态文明建设，促进农村社会的和谐发展。

治理农村生态环境问题，是实现城乡融合与协调的关键，农村是社会和谐的基石，建设美丽农村，践行生态文明，亟须推进农村生态环境综合治理。其做法如图 7-2 所示。

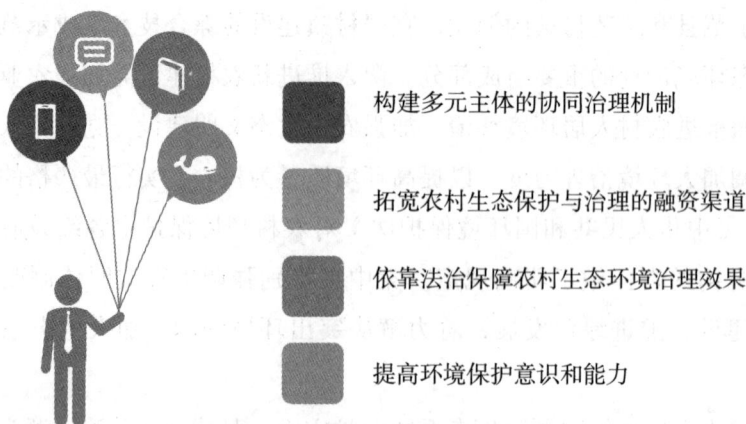

构建多元主体的协同治理机制

拓宽农村生态保护与治理的融资渠道

依靠法治保障农村生态环境治理效果

提高环境保护意识和能力

图 7-2　农村生态环境治理的措施

（一）构建多元主体的协同治理机制

构建多元主体的协同治理机制是农村生态环境治理中的关键环节。这一机制旨在通过政府、企业、社会组织、公众等多个行动主体的广泛参与，形成有效的协作和治理模式。在当前农村生态环境治理中，存在一些挑战，如主体单一、政策执行力不足和法治建设薄弱等问题。为解决这些问题，必须采取系统化的策略，建立一个全面、长效的生态治理机制。这包括健全政府主导的行政治理机制，构建全民参与的基层治理机制，引入市场运作的第三方治理，完善法律约束机制以及宣传教育机制。农村生态环境治理需要综合各方力量，创新治理理念，以提升农村生态环境的治理效果。

政府在农村生态环境治理中扮演着主导角色，其职责涉及制定和执行农村生态环境保护的法律法规，制定长远规划，建立监测和管理执行体系，增强执行力度，提升基础设施建设和投入。政府还应积极推动农村生态环境教育，创设农村生态文明氛围，调动社会力量参与农村生态环境治理，促进各利益群体之间的交流与合作。乡镇政府作为地方管理机构，在维护农村生态环境健康方面具有重要职责，应在自身治理中转变观念，平衡生产与生态环境治理的关系。

随着农村生态环境问题的增加，加强治理显得尤为迫切。推行村级管理体制是我国农村生态环境管理的重要策略。村级管理，作为家庭管理的延伸和国家管理的具体化，能够整合农村居民的环境保护力量，使生态环境管理成为全社会的共同事业。在产权归属明确后，村庄成为农村生态环境的产权所有者，村民共享产权，共同参与环境资源的保护和管理。农村生态环境治理政策的成功实施离不开与农民群众的紧密合作。农民作为生态环境治理的直接参与者和受益者，对环境保护的认识不断提升，他们的积极参与对生态治理政策的执行至关重要。农民的丰富乡土知识和对农村实际情况的深刻理解，使得他们在决策建议、过程治理、环境监督等方面发挥着不可替代的作用。因此，鼓励公众参与，不仅有助于发现和解决问题，还能平衡多方利益，调动公众参与生态环境治理的积极性，形成全社会共同维护农村生态环境的良好氛围。

（二）拓宽农村生态保护与治理的融资渠道

拓宽农村生态环境保护与治理的融资渠道是提高农村生态环境治理效率和效果的重要策略。面对农村生态环境治理资金的需求，政府投入作为主要来源，其规模和效率直接影响着治理工作的进展和成效。当前，国家对农村生态环境治理的投入相对有限，与农村生态环境治理的实际资金需求存在差距。因此，政府需要增强对农村环保基础设施建设的支持力度，将农村生态环境治理纳入国家环境保护的重点领域，确保有足够的资源用于农村环境的改善和保护。

农村生态环境治理的实施仅依靠政府的财政投入是远远不够的，需要构建与市场经济体制相适应的多元化投入机制。这包括吸引社会资本和社会力量参与农村环保项目，通过政府与社会资本合作（PPP）模式，鼓励和吸引更多的私人资本和社会资金投入到农村生态环境治理中。鼓励农民通过投工投劳的方式参与到农村环境治理中，不仅可以减轻政府的财政压力，还可以提高农民对环境治理的参与度和认同感，从而促进农村生态环境治理工程的顺利实施和有效运行。

在第三方治理模式下，社会资本的引入为农村生态环境治理带来了新的机遇。社会资本的参与能够推动农村环保投资主体的多元化，为农村环境保护的可持续性发展提供新的动力。这种模式有利于引入先进的环境治理技术和管理经验，提高农村生态环境治理的效率和效果。通过多元化的融资渠道，可以更好地动员社会各界参与到农村生态环境保护中，共同推进农村环境的持续改善和提升。

（三）依靠法治保障农村生态环境治理效果

依靠法治保障农村生态环境治理效果是实现生态文明建设的重要途径。农村生态环境治理不是单一区域的环境治理问题，而是需要综合考虑法律制度建设、政策引导和主体参与的社会公共事务。建立健全的法制基础对于构建和维护良好的农村生态环境至关重要。这要求形成完整的农村环境治理法律体系，包括完善环境立法、加强环境执法以及严格的环境法律监督。制定和实施针对农村环境特点的具体法律法规是必要的，这些法规应当针对农村养殖业污染、饮用水水源保护、生活及农业污染等问题，按照生态利益优先、共同发展、责任与收益相一致的原则进行规范。这样的法治环境为构建天蓝、地绿、水净的农村生态环境提供了强有力的支持。

农村生态环境治理的法治保障还包括加强对污染治理的执法力度，特别是防止城市污染向农村转移。这要求加强对城市工业生产垃圾的处理和执法监督，确保农村地区不成为污染的受害者。加强执法的同时，也需要完善司法程序，确保城乡环境治理的公正和公平，扩大环境诉讼的主体范围，避免地方保护主义的影响。通过公正和严格的执法，法治为农村生态环境治理提供了坚实的保障。

法治保障也包括激励和引导农民群众积极参与到农村生态环境的治理中。农民作为生态环境治理的直接受益者，他们在环境保护中的作用不可忽视。法律应当鼓励和保障农民群众在农村生态环境治理中发挥更大作用，包括参与决策建议、环境治理过程及监督等。通过法律的引导和保障，农民群众可以更好地理解和执行环境保护政策，成为农村生态环境治理的重要力量。

（四）提高环境保护意识和能力

提高多元主体各方的环境保护意识和能力是实现农村生态环境治理的核心环节。农村环境作为重要的公共资源，其治理和保护工作关系到国家的可持续发展和民众福祉。因此，对农村生态环境的保护与治理需从国家战略的高度进行认识和重视。政府部门在此过程中应发挥关键作用，通过强化政府职能、完善相关政策法规、加强基础设施建设以及建立有效的环境治理长效机制等措施，从根本上提升农村环境保护能力。政府还需加大对农村生态环境保护和治理的投入和宣传力度，积极研发和推广生态农业和绿色农业技术，促进农业生产方式的根本转变。

农村生态环境的治理不仅依赖于政府的努力，还需要广泛的公众参与和支持。提高公众尤其是农民群众的环保意识，对于改变传统的生产和生活方式、促进农村生态环境治理具有重要意义。教育和宣传可以提高农民对生态环境保护的认识，增强他们的环保意识，使之能够积极响应和参与到农村生态环境的保护中来。通过培育农村的绿色消费观念和营造公平、公正的市场环境，支持绿色环保产业的发展，可以有效地推动农村生态环境治理，为农业的可持续发展提供坚实的支撑。

利用各种媒介形式进行广泛宣传教育是提高农民环境保护意识和能力的有效手段。借助互联网、广播、电视等多种渠道，可以更广泛地传播生态环保知识，提高农民对于生态文明建设和美丽农村建设政策的认识和认同。农民通过这些渠道所获得的知识和信息将激励他们主动参与到农村生态环境治理中，采取更加健康、文明的生产和生活方式，推广生态农业，发展生态旅游，为美丽农村建设做出贡献。

二、农村安全环境治理

农村安全环境治理是实现社会稳定和长期发展的重要环节，关系到农村地区的和谐与进步。当前，农村社会治理面临多重挑战，如社会矛盾的增多、公共安全的威胁以及法律意识的薄弱等，这些问题的存在直接影响了农村社会的稳定和发展。为此，必须加强农村社会安全治理，构建一个安全、和谐、稳定的农村社会环境。这需要政府、社会组织和公众共同参与，形成共建、共治、共享的社会治理格局。

（一）政府角色的重要性

政府在农村社会安全治理中的作用是多方面且关键的，涉及从政策制定到执行的全过程。为了有效地促进农村地区的稳定与发展，政府需要综合运用各种资源和手段。这包括制定并实施针对性强的政策和措施，这些政策应旨在解决农村地区面临的具体问题，如经济发展滞后、教育资源匮乏、医疗保健不足等。加强法律制度的建设与执行也至关重要。应通过法律来维护社会秩序，保护居民的合法权益，同时教育居民遵守法律、维护社会稳定。政府还需注重提升农村地区的公共服务水平，包括但不限于基础设施建设。良好的基础设施，如交通、通信、水利和电力设施，是农村社会稳定和经济发展的基础。同样重要的是改善公共安全设施，比如消防、医疗急救和安全防护设施，这些都是保障农村居民生活安全的基本条件。

优化法律服务和社会管理体系，确保农村地区居民能够有效地获得法律援助和社会服务。优化社会管理体系不仅能有效地解决社会矛盾，还能提升居民对政府的信任度和满意度，从而形成良好的政民关系。在政府这一系列措施的推动下，为农村社会的全面发展创造了一个更为稳定与和谐的外部环境。通过这样的努力，政府在确保农村地区的社会安全和促进其长远发展方面发挥着不可或缺的作用。

（二）农村平安建设工程的实施

农村平安建设工程的实施是农村治安综合治理中的关键环节，其重要性体现在通过全面的策略和措施强化农村社会治安防控能力。这一工程的核心在于运用法律、政策、文化和教育等多元手段，构建一个全方位、多层次的治安防控体系。法律和政策为农村社会治安治理提供了框架和指导，而文化和教育则在基层社会中营造了遵法守序、和谐共处的氛围。积极引导和鼓励农民群众参与到社会治理中，不仅增强了群防群治的实效性，也提高了民众的安全意识和法律意识。这种自下而上的治理模式，使得社会治理更为贴近民众的实际需求和问题，从而更有效地解决农村地区的安全隐患。在实施过程中，农村平安建设工程应着重考虑地方特色和实际情况，因地制宜地开展治理工作。通过社区警务、法律援助、安全教育等活动，加强农村地区的治安管理和服务。同时应重视农村青少年的教育和引导，将其纳入社会治理体系之中，培养他们的法治观念和社会责任感。通过这些举措，农村平安建设工程不仅能够提升农村地区的安全水平，还能够促进社会风气的良性发展，为农村地区的长期稳定与和谐奠定坚实基础。

（三）完善农村警务战略

农村警务战略在提升农村社会治理水平方面扮演着至关重要的角色。这一战略的实施需要基层党政组织与治安综合治理机构之间的紧密合作，共同推动警务公共产品的建设和优化，强化法治宣传教育，从而更有效地融入社会治理体系。加强农村警务消防、抗灾救灾等公共安全设施的建设，对提升农村地区应对突发公共事件和自然灾害的能力至关重要，这不仅是保障农村社会稳定的基础，也是提高民众安全感和满意度的关键。应依据农村地区的具体情况，科学配置警务资源，确保警力能够及时、有效地响应各类安全需求。加强与社区的联系和互动，促进警民合作，形成共同维护社会治安的良好局面。通过开展法治教育和安全知识普及活动，提高农民群众的法律意识和自我保护能力，这对于构建稳固的社会治理基础是必不可少的。

农村警务战略的实施还应重视对警务人员的专业培训和素质提升，确保他们在处理各类社会问题时能够更为专业和有效。通过运用现代科技手段，如信息化管理和智能监控系统，提升农村治安管理的效率和准确性，这将进一步增强农村社会治理的现代化水平。综上所述，农村警务战略将成为推动农村社会治理向前发展的重要推动力，为农村地区的和谐与稳定贡献重要力量。

（四）加强乡风文明建设

乡风文明建设在农村社会治理中扮演着至关重要的角色，其核心在于通过提升农民的思想道德和科学文化素质，引导农民养成健康科学的生活方式，从而形成健康文明、遵纪守法的社会新风尚。这需要在农村精神文明建设上下功夫，加强思想政治教育和法治宣传教育，确保民族宗教政策的有效落实，从而提高农民的法律意识和文明意识。乡风文明建设的目标是崇尚科学、抵制迷信，促进农村社会的和谐与进步。

应着重发展农村教育文化事业，改善教育资源分配，确保农村儿童和青少年能够接受良好的教育。教育是提升个人素质和社会文明水平的基石，通过教育可以有效改变农民的观念和行为，促进社会主义核心价值观的树立。应该通过各种文化活动，如乡村图书馆、文化节庆活动等，丰富农村居民的文化生活，提高他们的文化素养。这些活动不仅能够提升农民的生活质量，还能增强他们对社会主义核心价值观的认同。

乡风文明建设还需要调动农民共建文明农村的自觉性，鼓励他们积极参与到农村治理中来。组织志愿服务、邻里互助等活动可以增强社区凝聚力，构建和谐的社区环境。通过这些措施，乡风文明建设能够从根本上改善农村社会环境，为社会的稳定与团结提供坚实基础。这种以文化引领的社会治理模式，对于提升农村社会的整体素质和文明程度具有深远的影响。

三、农村人居人文环境治理

（一）因地制宜开展人居环境综合治理工作

农村人居环境的治理是推进农村综合发展的关键，其核心在于因地制宜、综合施策。农村人居环境的综合治理工作应立足当地实际情况，综合考虑地理位置、自然资源、经济条件和文化传统等因素，制定具体可行的治理方案。这包括改善基础设施、优化生活服务、保护和发展传统文化等多方面内容。在基础设施方面，应重点关注农村水电、交通、通信等基础设施的建设和维护，提高农村居民的生活品质。注重农村生活服务设施的完善，如医疗、教育、文化娱乐等，确保农村居民能够享受到与城市相当的生活服务。另外，保护和发展农村传统文化也是人居环境综合治理的重要组成部分，应积极挖掘和利用农村地区的历史文化资源，加强对传统文化遗产的保护，促进文化传承与发展。

农村人居环境的综合治理还应注重环境的可持续发展。这要求在治理过程中充分考虑环境保护和生态平衡，避免单纯追求经济发展而忽视环境保护。具体来说，需要在农村地区推广绿色建筑和可再生能源的使用，减少对环境的破坏。农村地区的垃圾处理和污水处理等环境治理项目也应得到足够重视，通过建设垃圾处理设施和污水处理系统，减少环境污染。应鼓励农村居民参与环境保护，提高其环保意识，形成保护环境的良好风尚。综上所述，农村人居环境的综合治理应基于当地实际，统筹兼顾经济发展和环境保护，实现农村地区的可持续发展。

（二）理解和重视农村乡土文化

在加快农村现代化进程中，理解和重视农村的乡土文化成为核心内容。乡土文化作为农村文化的根基和灵魂，深刻影响着农村居民的价值观念、生活方式和社会行为。农村人居人文环境治理不仅要解决物质层面的问题，更要注重精神文化层面的提升。这需要深入挖掘和保护乡土文化资源，尊重和发扬农村传统文化。具体而言，应通过对农村历史文化遗产的保护和合理利用，促进农村文化的传承和发展。还可以通过举办各类文化活动，如传统节日庆典、民俗展示、文化讲座等，活跃农村文化生活，提高农村居民的文化认同感和归属感，从而在精神层面提升农村人居人文环境的质量。

在重视农村乡土文化的同时，也须关注其在现代社会中的转型和发展。随着农村经济社会的快速发展，乡土文化面临着多重挑战，如传统文化的消失、农村社会结构的变化等。在乡土文化的保护和传承中，应积极探索适应现代社会的发展方式，如将乡土文化融入农村教育、旅游、艺术等领域，使之成为促进农村经济社会发展的重要力量。加强农村文化教育，提高农村居民对传统文化的认识和理解，促使他们在尊重传统文化的基础上，积极适应社会发展的新趋势。

（三）解决留守儿童的问题

留守儿童由于父母外出务工，常常缺乏必要的家庭关爱和正确的教育引导，他们的成长环境和心理健康状况备受关注。农村人居人文环境治理需重视留守儿童的成长需求，通过建立有效的关爱和教育支持系统来缓解这一问题。这包括但不限于提供心理咨询、学习辅导、健康关怀等服务，建立健全的留守儿童保护机制，包括完善的监护体系和应急干预措施。还应加强社区和学校的责任，通过社区和学校的共同努力，为留守儿童提供一个安全、健康、有利于成长的环境。可以通过社区组织的文化、体育活动吸引留守儿童参与，从而丰富他们的课余生活，促进其社交能力和自我价值的提升。在解决留守儿童问题的过程中，还需关注农村家庭教育环境的改善和提升。由于传统观念和知识水平的限制，部分农村家庭对孩子的教育重视不足，这对留守儿童的成长尤为不利。

提高农村家长的教育意识和能力，对于改善留守儿童的成长环境至关重要。这需要通过组织家庭教育培训、亲子活动等方式，引导家长正确理解和实践科学的育儿方法。加强农村教育资源的投入，提高农村教育质量，确保留守儿童能够享受到优质的教育资源。可以运用现代信息技术，如远程教育平台，为农村地区提供更多样化、高质量的教育资源。综上所述，农村人居人文环境治理在解决留守儿童问题时，不仅需要关注留守儿童的即时需求，还需从家庭教育和社区支持等方面入手，全面提升农村家庭的教育环境，为留守儿童的全面发展创造有利条件。

（四）用社会主义核心价值观引导农村文化发展

在农村人居人文环境治理中，将社会主义核心价值观融入农村文化发展的过程是实现农村文化振兴和社会和谐发展的重要途径。社会主义核心价值观所倡导的富强、民主、文明、和谐等价值理念，为农村文化的发展提供了指导方向和价值取向。这要求在农村文化发展过程中，不仅要注重物质文明的提升，更要重视精神文明的构建，需要将社会主义核心价值观的内涵融入农村教育、农村治理、文化传承等各个方面。通过教育引导，使农村居民理解并接受这一价值体系，从而在农村社会中形成共同的价值认同。文化活动、节日庆典、农村治理等形式使社会主义核心价值观在农村地区得到广泛传播和实践，促进农村社会的和谐发展。

社会主义核心价值观在引导农村文化发展中，不仅是理念上的指导，更是实际行动的动力。这要求在农村文化建设中，注重理论与实践的结合，将社会主义核心价值观的要求具体化、生活化。例如，在农村文化活动中，可以通过组织主题鲜明的文化节目、演出、展览等形式，展现农村社会的积极风貌，传递社会主义核心价值观的正能量。在农村治理中，可以将社会主义核心价值观的要求转化为具体的治理措施，如推广法治教育、公民道德建设、社区服务等，提升农村居民的公民意识和社会责任感。

（五）实现乡土文化向现代化转型

实现乡土文化向现代化的转型是农村人居人文环境治理的重要任务，这一过程涉及传统与现代、本土与外来、历史与未来的多重对话与融合。乡土文化是农村社区生活的灵魂，承载着丰富的历史信息和深厚的地域特色。然而，在快速发展的社会背景下，如何在保持乡土文化特色的同时，实现其现代化转型，成了一个亟待解决的问题。这一转型不仅要注重对传统文化的保护和传承，更要探索其在现代社会中的新生与应用。具体来说，需要在乡土文化的传承中注入现代元素，如通过现代艺术形式展现乡土文化，通过新媒体技术传播乡土文化，使其更加贴近现代人的生活方式和审美习惯。还需要在乡土文化与现代生活方式之间找到平衡点，既保留传统的精髓，又吸收现代文化的营养，促进农村文化的多元化发展。

在农村人居人文环境治理过程中，乡土文化向现代化转型的实现，还需要建立在全面的社会发展战略上。这意味着乡土文化的转型不仅是文化层面的变革，更是与经济、政治、社会等多方面的发展紧密相连。因此，应在农村经济发展中注重文化元素的引入和利用，如发展以乡土文化为背景的乡村旅游，促进乡土手工艺品的市场化，通过这些方式实现乡土文化的经济价值。还需加强农村基础设施建设，提升教育和科技水平，为乡土文化的现代化转型创造良好的外部条件；加强农村居民对乡土文化现代化重要性的认识，引导他们积极参与到乡土文化的保护和发展中来，形成全社会共同推动乡土文化现代化的良好氛围。

第三节　农村社会组织治理

基层治理作为国家治理体系的基石，在推进国家治理体系和治理能力现代化中占据关键地位。特别是在改革开放的进程中，农村社会组织作为基层治理的重要组成部分，其作用和影响力日益显著。农村社会组织能够更直接、更有效地响应农民群众的需求，促进社会资源的合理分配和有效利用。这些组织作为政府与农民之间的桥梁，能够协助政府更好地了解农村社区的实际情况，从而做出更符合实际需要的政策决策。农村社会组织还在促进农村文化传承、提升农民教育水平、推动农村经济发展等方面发挥着不可替代的作用。

一、农村社会组织的形成与发展

（一）农村社会组织的形成背景

我国农村社会正逐步经历由封闭向开放的转型，在这一过程中，农村社会治理的要素和机制也在发生深刻变化。在这种背景下，农村社会组织的兴起与发展，可视为对传统农村治理模式的重要补充和完善。尽管村委会作为农村社会治理的核心主体，承担着重要职能，但受限于资源、能力和职能范围，其在治理效能上显现出局限性，特别是在新型城镇化推进过程中，其面临的挑战更为复杂。

农村社会组织的成立和发展，提供了解决这一治理缺口的机遇。这些组织以其灵活性、针对性和自下而上的特点，更能贴近农村群众的实际需求，有效弥补了村委会在某些领域治理的不足。例如，农村社会组织可以在文化传承、教育促进、生态保护、公共卫生等领域发挥重要作用，补充基层政府的职能，满足村民自治的需求。农村社会组织的多样性和灵活性使其能够适应不断变化的社会环境，提供更为多元和细致的服务。

《中共中央　国务院关于加大统筹城乡发展力度　进一步夯实农业农村发展基础的若干意见》对农村基层治理机制的完善提出了明确要求，这为农村社会组织的发展提供了政策支持。农村社会组织在政府的引导和支持下，更好地发挥其功能，参与到新型城镇化建设中，为农村社会治理注入新的活力。在国家确立建设新农村的目标下，通过自上而下的财政转移支持，农村社会组织不仅能激发其内在活力，还能提升基层组织的社会自治能力，从而在一定程度上减轻国家的治理压力。

（二）农村社会组织的具体情况

农村社会组织的出现与发展，标志着我国农村社会治理方式的深刻变革。这些组织在一定程度上改变了农村社会权力结构，为农村社会治理带来新的动力与挑战。农村社会组织虽然正处于发展阶段，但在自身建设和治理能力方面仍面临诸多挑战。众多组织在合法化进程、资金运作、人才配置等方面存在不足，其内部管理和自律机制尚未健全，未能完全适应现代法人治理结构的要求。农村社会组织的管理机制、自律机制和监管机制尚待完善，这些问题在一定程度上影响了其在农村社会治理中的作用的发挥。

然而，农村社会组织作为乡村治理的新增力量，其多样性和非规范性也导致一些组织在运作中出现问题，如资源分配不均、治理方法简单粗暴等。这些问题的存在，不仅反映了农村社会组织在发展过程中的自然矛盾和成长的阵痛，也暴露了当前农村社会治理体系的不完善。如何引导和规范农村社会组织的发展，完善其内部治理结构，提升其治理能力，成为推动农村社会治理现代化的关键任务之一。

（三）农村社会组织的发展趋势

农村社会组织的迅猛发展，正逐渐成为我国农村治理体系中不可或缺的重要组成部分。这些组织在政治、经济、社会、文化等多个领域发挥着日益重要的作用，成为农村社会治理的关键力量之一。农村社会组织在调节多元利益关系、解决基层治理问题方面显示出其独特优势，它们通过补充和完善传统治理机构的功能，有效地响应了农村公共需求和社会诉求，尤其在提供公共服务、促进地方发展等方面做出了积极贡献。

在农村社会组织的未来发展中，政府的角色至关重要。政府不仅需要通过合理治理为这些组织提供稳定的法律和政策环境，还需通过财政支持、政策激励等手段，引导和促进农村社会组织的健康成长。政府应鼓励社会组织间的合作与交流，促进资源共享和能力互补，以提高整体治理效能。

农村社会组织的发展也离不开农村精英的积极参与。这些精英凭借其在地区的影响力和号召力，能够有效地动员社区成员，参与社会组织的活动和运作。随着社会文化的发展和人们自我意识的提升，农村居民愈发认识到参与社会组织活动的重要性，这不仅有利于推动社会自治的实现，还能有效提升社区的凝聚力和向心力。

（四）农村社会组织的培育和监管

农村社会组织的培育和管理是一项系统而复杂的任务，关系到农村社会治理的有效性和农村社会的和谐与稳定。首先，政府需要从政策和制度层面加强对农村社会组织的支持和引导。政府应在明确农村社会组织的功能和作用基础上，制定合理的政策和法规，激励农村社会组织参与农村治理和公共服务。其次，政府应为这些组织提供必要的资源和支持，包括政策上的优惠、资金上的扶持等，以促进农村社会组织的健康成长和功能发挥。基层政府在与农村社会组织的互动中应采取更加开放和包容的态度，允许和鼓励农村社会组织在农村公共事务中发挥更大作用，并提供适当的培训和指导，帮助其提升专业能力和管理水平。

农村社会组织的管理不仅需要强化外部监管，也要注重组织内部治理结构的完善。农村社会组织应建立健全以章程为核心的内部治理机制，确保组织运作的透明和高效。这包括完善决策程序、财务管理、项目执行等方面，确保组织活动规范合法，满足农民需求。农村社会组织在发展过程中还应注重自身的品牌建设和社会影响力的提升，通过积极参与农村公共事务和服务项目，提升组织在当地社区的认可度和影响力。通过政府的有效指导和农村社会组织的自主发展，共同推动农村社会治理向更现代、高效和人本化的方向发展。

二、农村社会组织的地位和作用

农村社会组织在现代农村治理体系中扮演着至关重要的角色。随着社会经济的发展和农村治理需求的日益复杂化，传统的以政府为主导的治理模式已逐渐显现其局限性。在这种背景下，农村社会组织的地位和作用逐渐被提升和强化。这些组织作为政府和农民之间的桥梁，填补了政府服务的空白，还促进了社会资本的形成，增强了农村社会的凝聚力和自我调节能力。农村社会组织的多样化发展，如农民专业合作社、文化教育组织、公益慈善组织等，丰富了农村的社会组织结构，提供了多元化的服务，满足了农民日益增长的多样化需求。

在新型农村治理结构中，农村社会组织起到了不可或缺的作用。它们不仅增进了农村的社会治理和提高了公共服务的质量，还助力了农村经济和文化的发展。这些组织在促进农村发展的同时，也在不断推动农村治理体系的现代化。农村社会组织的参与使得农村治理更具包容性和效率，促进了农村社会的和谐与稳定。通过参与农村治理，这些组织不仅提高了农民的自我管理能力，还在一定程度上提升了农民的法律意识和民主意识，推动了农村治理的民主化和法治化进程。因此，农村社会组织在现代农村治理体系中占据了重要地位，是推动农村治理体系和治理能力现代化的重要力量。

三、完善农村社会治理的组织体系

农村社会治理的组织体系创新发展，关键在于深化多元主体的协同治理模式，构建更为全面和有效的社会治理结构。

（一）推动政府、村民自治组织、农村社会组织等多种治理主体间的协调配合

在完善农村社会治理组织体系的过程中，推动政府、村民自治组织、农村社会组织等多种治理主体间的协调配合是一种重要的创新发展方式。在这一模式下，政府的角色转变为提供政策支持、监督管理和服务平台的角色，而不是直接介入农村社会事务的具体管理。政府应当致力于构建一个开放、包容的治理环境，激发农村社会组织的活力和创造性，同时为村民自治组织提供政策和资源支持，确保这些组织能在农村治理中发挥有效作用。

政府需要通过制定和实施有利于农村社会组织发展的政策和法规，来激励和引导农村社会组织的成长。这包括简化注册流程、提供税收优惠、给予财政补贴、提供项目扶持等方式。政府应建立起农村社会组织的服务和监管体系，旨在确保这些组织能够在合法合规的前提下，健康有序地发展。政府的监管不应过于严格或僵化，而是应根据农村社会组织的实际情况灵活调整，确保监管既能保障社会秩序，又能鼓励组织的自主创新。

促进村民自治组织与农村社会组织之间的协作和资源共享。政府可以通过搭建平台、组织培训、促进信息交流等方式，帮助这些组织相互了解、相互学习，促进经验和资源的共享。例如，可以通过定期的研讨会、工作坊、展览等活动，让不同的组织有机会交流心得、分享成功案例，从而相互启发，共同成长。这种跨组织的合作不仅有助于提高各组织的工作效率和服务质量，也能增强农村社会的整体凝聚力和创新力。

应鼓励农村社会组织参与到农村公共服务的提供中。政府通过购买服务、委托管理等方式，使得农村社会组织能够在教育、医疗、文化、环保等领域发挥更大的作用。这不仅可以减轻政府的负担，更能利用农村社会组织的专业性和灵活性，提供更加贴近农民需求的服务。政府应激励农村社会组织参与到农村治理的具体实践中，如乡村规划、环境保护、村民纠纷调解等，使其成为农村治理的重要力量。

（二）发展农村社会组织是农村治理体系现代化的有效环节

农村社会组织作为连接政府与村民的桥梁，能够有效补充政府和市场在提供公共服务方面的不足，并在精准性和贴近民生方面显示出独特优势。为此，政府需要采取一系列政策措施来激励和指导农村社会组织的成长与发展，同时确保这些组织能保持自主性和活力。

政府应通过政策激励和资金支持来促进农村社会组织的发展。这包括提供财政补贴、减税优惠、项目扶持等方式，降低农村社会组织运营成本，增强其服务能力。政府可以通过制度创新、简化注册审批流程、减少行政干预，为农村社会组织提供更为宽松的发展环境。政府还可以通过举办培训班、工作坊等活动，提高农村社会组织的专业能力和管理水平，从而提升其服务质量和效率。同时要确保农村社会组织的自主性和活力。这意味着在政策上要尊重农村社会组织的自主权，避免过度干预其内部事务。政府应鼓励农村社会组织根据当地实际情况和农民需求，自主创新服务模式和管理机制。例如，鼓励农村社会组织开展定制化服务项目，针对特定群体如老年人、儿童、残疾人提供专业服务。政府还可以通过搭建平台，促进农村社会组织之间的交流与合作，增强其整体实力和影响力。

（三）加强协同治理体系的构建与完善

加强协同治理体系的构建与完善是实现农村社会治理现代化的重要途径。这一过程需要政府、农村社会组织、村民自治组织等多方参与主体在治理体系中形成有效的合作和对话，共同应对治理中的挑战。

政府应发挥引导作用，建立一个多方协作的平台，使得不同的参与主体能够共享信息、资源和经验。例如，通过建立线上信息共享平台，各治理主体能够及时了解农村社会治理的最新动态、政策导向和实践经验，促进资源的有效流动和利用。政府可以通过组织定期的协商会议、工作坊等活动，促进各方面的深入交流与合作，共同探讨和解决农村治理中遇到的问题和挑战。同时还需优化协同治理主体之间的关系，特别是政府与农村社会组织之间建立有效的伙伴关系。政府与农村社会组织之间应形成一种互补的关系，政府通过政策支持和资金扶持，帮助农村社会组织提升自身能力，也通过法律法规确保农村社会组织能在一个公平合理的环境中运作。例如，政府可以通过提供专项资金支持农村社会组织开展具体项目，也可以通过法律法规保障农村社会组织的权益，确保其独立性和自主性。

提升农村社会组织的整合能力是实现协同治理的关键。农村社会组织应成为连接政府与农民之间的桥梁，不仅要理解政府政策的导向，还要准确把握农民的需求和期望。农村社会组织需要提升自身的组织和运营能力，通过有效的项目管理和资源整合，使其能够更有效地服务于农民群众。农村社会组织也应当积极参与到农村社会治理的具体实践中，如乡村规划、环境保护、文化建设等领域，发挥其在地方发展中的积极作用。

四、巩固基层党组织的领导地位

在探讨农村社会治理现代化的过程中，基层党组织的作用不可忽视。基层党组织作为农村治理的领导核心，其在统筹各方资源、协调各类治理主体中发挥着至关重要的作用。实现农村社会治理现代化，关键在于基层党组织如何有效地实施其治理功能，如何与村民自治组织、农村社会组织等多元治理主体形成有效的协作和互补。基层党组织在这一过程中的角色转变，是从传统的直接管理者转变为协调者和引领者，更多地发挥政策制定和指导的作用，促进各方资源的有效整合与利用。

基层党组织的核心领导地位在农村社会治理中的确立，是根据《中国共产党农村基层组织工作条例》及《中华人民共和国村民委员会组织法》等相关法律法规明确的。这些法律法规为基层党组织在农村工作中的领导地位提供了坚实的法律基础，也为基层党组织的有效运作和建设指明了方向。在农村社会体系中，基层党组织直接面对广大农民群众，其在政治、组织和思想方面的作用至关重要。基层党组织不仅在传递和执行中央方针政策方面发挥核心作用，也是农村社会治理中的政治领导核心。突出基层党组织的领导核心作用，是确保中央政策在农村得到有效贯彻的关键，也是促进农村社会经济稳定和健康发展的根本保证。

基层党组织在农村社会治理现代化过程中的角色和职责需进一步明确和加强。其主要任务是贯彻中央的方针政策，同时要引导和协调村民自治组织和社会组织的活动，使其更加符合农村社会的发展需求。基层党组织需要发挥政策引导和组织协调的功能，加强与农村社会组织的沟通与合作，共同推动农村社会治理体系的构建与完善。

在当前的农村社会治理和发展背景下，农村基层党组织的建设显得尤为重要。农村基层党组织的领导地位并非自然而然形成，而是依赖于其领导能力和权威，这些又主要来源于党组织成员的综合素质和实际表现。因此，加强农村基层党组织的队伍建设，对于提升其执政能力具有重要意义。

农村发展和农民致富的关键在于基层党支部的强化。如果没有坚强有力的农村党支部，党的路线、方针、政策就无法在农村得到有效实施，也就无法团结农村党员和群众来推动农村经济发展和农业生产力的提升。农村基层党组织深植于基层、面向群众，承担着引领群众致富奔小康的直接责任。

当前农村基层党组织面临诸多挑战，如领导作用的弱化、党员标准的异化、组织机构的虚化、服务能力的弱化等，这导致其在群众中的凝聚力和感召力下降。针对这些问题，以及新时期农村社会经济建设中出现的留守儿童问题、养老问题、农民权益保障问题、社会环境治理问题等，需要进一步强化农村基层党组织的领导地位，优化党组织设置，增强其在农村社会治理中的作用和责任。《中共中央　国务院关于推进社会主义新农村建设的若干意见》中强调，农村基层党组织建设是新农村建设的主要方法。只有加强农村基层党组织的先进性建设，才能提高党在农村的执政水平，确保农村基层组织始终处于领导核心地位，完成历史赋予的任务。《中共中央　国务院关于加快发展现代农业　进一步增强农村发展活力的若干意见》指出，要强化农村基层党组织建设，发挥基层党组织的战斗堡垒作用，夯实党在农村的执政基础。还需加强农村党风廉政建设，强化农村基层干部的教育、管理和监督，坚决查处农民身边的腐败问题。

在当前的农村社会治理背景下，加强党对农村社会组织的政治领导显得尤为关键。随着农村社会组织的多样化和多种整合力量的并存，基层党内民主的有效发展成为提升农村社会对党组织及其领导人的认同和支持的重要途径。这不仅增强了党组织的凝聚力和号召力，而且巩固了党在同级组织中的领导核心地位。

农村基层党组织在各种组织中的领导核心地位，是其在法定范围内自主活动的基础和平台。然而，改革开放以来，特别是农业税费改革后，农村社会格局发生了深刻变化。在这一过程中，包括村党支部和村委会在内的农村基层组织未能及时进行组织再造，其管理方式落后于时代要求，影响力日益衰弱。因此，强化农村基层党组织的领导地位，建立健全村"两委"联席会议等制度，成为提升农村治理效能的关键。

随着农村社会组织在农村治理中的参与程度的加深，不同利益群体的竞争与角逐日益显现。在此背景下，基层党组织对农村经济资源的掌握和控制力成为农村社会治理的关键。基层党组织作为基层治理的领导核心，需要与自治组织、社会组织等其他基层组织形成有效的互动和协调，以完善基层治理组织体系。加强村级组织的基本要素建设，坚持和巩固农村基层党组织的领导核心地位，是组织和凝聚广大农民群众，形成推动农村改革发展的强大正能量的关键。这要求基层党组织不仅要发挥其领导核心作用，还要理顺与其他组织的关系，确保基层治理体系的有效运作。通过这种方式，可以更好地引导和激发农村社会的活力，促进农村的全面发展和进步。

第八章　农村社会治理体系的新方略

第一节　创新社会治理理念

一、强化党的领导

在农村社会治理体系新方略中，强化党的领导是实现社会治理现代化的重要途径。这种强化不仅仅是对传统管理模式的延伸，更是治理理念的深度革新。党的领导在农村社会治理中的强化首先体现在明确引导农村社会的发展方向上。这意味着通过党的领导，可以有效整合资源，优化决策过程，确保政策制定和实施的连贯性与有效性。在处理多元化利益关系和复杂社会问题时，党的领导能够提供明确的方向和策略，帮助找到平衡各方利益、实现社会治理和谐与稳定的途径。

强化党的领导还体现在增强基层组织的治理能力上。基层党组织作为党的领导在农村的延伸，其能力的提升与农村社会治理的有效性直接相关。加强基层党组织的治理能力，意味着要提高对农村实际问题的认识和处理能力，更好地响应农民的需求，及时解决实际问题。这需要基层党组织深入农村社会的各个层面，了解农民的生活状态、需求和期望，同时积极参与到农村社会治理的实际工作中，提升治理效果，增强农村社会的凝聚力和向心力。

强化党的领导还意味着要将党的理念与治理实践深度融合。这要求党的政策与农村的实际情况相结合，制定出既符合农村实际又符合社会治理规律的策略和措施。在这个过程中，需要不断总结实践经验，形成可复制、可推广的成功模式，为农村社会治理提供理论和实践上的支撑。通过这样的深度融合，可以使党的领导在农村社会治理中发挥更加积极有效的作用，推动农村社会的持续健康发展。

二、进一步完善社会治理的基础制度

农村社会治理体系新方略中，对社会治理基础制度的进一步完善，是实现社会治理创新理念的关键环节。这一过程不仅涉及法律制度和社会道德规范的建立与完善，还包括社会信用和信息体系的构建。在这个过程中，必须保证体制机制和方式方法能够有效发挥其作用，以服务和管理人民为核心，推动社会良性运行和协调发展。

社会治理基础制度的完善首要关注的是法律制度的构建。法律制度作为社会治理的基石，提供了行为规范和冲突解决的基本框架。在农村社会治理中，法律制度的完善不仅要求法律规范的明确和严格执行，还需要法律制度能够适应农村社会的特点和需求，有效地解决农村地区所面临的具体问题。这需要法律制度与农村实际相结合，既要考虑传统习俗和实际情况，又要符合法治原则和公平正义。社会道德规范是社会治理的另一个重要方面。社会道德规范对维护社会秩序和促进社会和谐发挥着重要作用。社会道德规范的建立和推广，需要结合农村的文化背景和社会习惯，促使居民内化这些规范，形成共识。这不仅涉及道德教育的普及，还需要通过文化活动、社区交流等多种形式，弘扬社会主义核心价值观，提升农村居民的道德素质和社会责任感。

社会信用体系的建设是当前社会治理创新的重点。建立完善的社会信用体系，可以有效提升社会管理的透明度和效率。通过建立国家人口基础信息库、统一社会信用代码制度等，可以实现信息的准确性和及时性，为社会治理提供数据支持。实名制的推广在农村社会治理中同样重要，它有助于减少身份欺诈和虚假信息，保护公民的合法权益。信息体系的建设是社会治理现代化的关键。通过信息技术的应用，可以实现跨部门、跨地区的信息整合和共享，提高社会治理的效率和水平。例如，居民身份证的电子化和信息化，不仅提高了身份信息的管理效率，也为公共服务的提供创造了便利条件。这也要求加强对个人信息的保护，确保信息安全不受侵犯。

三、融合与共治相结合

农村社会治理体系新方略在创新社会治理理念中着重强调融合与共治的重要性。这一理念的实施旨在构建更加高效、公正的社会治理模式，以应对日益复杂多变的社会需求和挑战。

融合的概念在于实现体制内不同主体之间的高效协作与清晰的权责划分。这涉及政府各部门、不同层级的党委政府之间的协调与合作。在农村社会治理中，各类社会问题和矛盾往往牵涉到多个部门及不同的管理层级，因此，需要通过整合各方面资源和力量，形成合力。这不仅要求明确各部门的职能边界，还要求建立有效的沟通机制和协作平台，确保信息的畅通和决策的高效执行，也需要对党政部门的社会治理职能进行细致的梳理和规范，确保治理活动在明确的权力和责任框架内进行。

开放共治的理念强调的是体制内外力量的协同共治。新时代的农村社会治理不能再局限于党委政府的单向作用，而应该吸纳更多的社会力量参与其中。这包括民间组织、社会工作者乃至普通民众，他们能够通过不同的方式和方法，为解决具体的社会问题贡献力量。例如，在处理某些历史遗留问题或当前的利益冲突时，除了政府的行政手段，还可以运用民间的亲情、友情、乡情等非物质资源，通过更加人性化、贴近民心的方式解决问题。这种多元参与的治理模式更能够贴合农村社会的实际情况，有效化解各种社会矛盾。

在融合与共治的过程中，还需要关注政府职能的转变和简政放权。深化机构和行政体制改革，明确各类机构的权责，有助于构建更加科学合理的治理结构。这不仅涉及政府内部的权力配置和职能优化，还涉及政府与社会其他主体的关系调整。政府需要适应新的治理环境，转变其角色，从传统的"全能型"政府转向"服务型""协调型"政府。在这一过程中，政府的作用更多的是作为协调者和引导者，而非单一的决策者和执行者。

四、加强社区参与和自治能力

加强社区参与和自治能力是农村社会治理重要的改进方向。这一策略的核心在于激发农村社区自身的活力和潜力，使社区成为社会治理的有效参与者和自治主体。社区参与和自治能力的加强，意味着居民不仅是社会治理的受益者，更是参与者和决策者。这种变化要求社区居民能够积极参与到社区事务中，共同讨论和解决社区面临的问题，这不仅有助于提升居民的归属感和满意度，还能提高社区治理的效率和针对性。为了实现这一目标，需要建立和完善社区自治机制，包括建立居民代表大会、社区委员会等民主管理和决策机构，以及定期开展居民大会、座谈会等活动，确保居民能够直接参与到社区治理中来。

加强社区参与和自治能力还要求提升居民的治理能力和知识水平。这需要通过教育培训、文化交流等方式，增强居民的法律意识、民主意识和公共参与意识，提供必要的治理知识和技能培训，帮助居民更好地理解和参与社区治理。还需要加强社区服务机构的建设和功能提升，比如，设立社区服务中心、文化活动中心、卫生服务站等，为居民提供便利的服务和活动空间。通过这些措施，可以增强社区的凝聚力和活力，促进社区内部的和谐与发展，使社区真正成为社会治理的重要力量。通过社区的积极参与和有效自治，农村社会治理将更加贴近民众需求，更具活力和创新性，为实现农村社会的长期稳定与和谐发展打下坚实基础。

第二节　完善社会治理体制

一、进一步深化以人民为中心的理念

以人民为中心理念的实质是确保社会治理活动始终围绕着广大人民的利益展开。在执行过程中，关键是如何在保障和促进人民福祉的同时，处理好社会各阶层、各群体间的关系和利益诉求。

以人民为中心的治理理念要求在政策制定和执行过程中，始终把人民的利益放在首位。这意味着在农村社会治理的各个方面，无论是经济发展、社会保障、教育、卫生还是环境保护，都应以满足人民群众的基本需求和提高其生活质量为最终目标。在农村地区，这尤其重要，农村地区的社会结构和经济条件与城市有着显著的差异，因此需要制定更为贴近农村实际的政策。

农村社会治理还应特别关注弱势群体和困难群众。这些群体往往是社会变迁和经济发展中最易被忽视的部分，他们在教育、医疗、就业等方面面临更多的困难。因此，政府和社会组织需要采取有效措施，不仅要保障这些群体的基本生活需求，还要为他们提供更多的发展机会和社会支持，确保他们能够公平地分享社会发展的成果。

农村社会治理的现代化也是深化以人民为中心的理念的重要方面。随着社会和技术的发展，农村社会治理需要引入更多现代化的手段和理念，如信息化管理、社会服务网络化等。这不仅可以提高治理的效率和质量，还能使治理更加透明和公正，让人民群众更直接地参与到社会治理中来。

在实践中，以人民为中心的治理理念还需要具体化为各类政策和措施。例如，在教育方面，需要提高农村地区的教育资源配置，确保农村儿童能够享有与城市儿童同等的教育机会；在卫生健康方面，需要改善农村地区的医疗条件，提供更多的公共卫生服务；在社会保障方面，需要建立健全农村地区的社会保障体系，保障农村居民的基本生活。

二、进一步践行社会治理的核心要义公平公正

在新时代的我国社会治理中，公平公正已成为核心要义，这一转变反映了社会主要矛盾的变化及人民群众对公平公正需求的增强。经济发展和人民生活水平的提高引发了人民对公平意识、民主意识、权利意识的加强，对社会不公现象的关注也随之增强。习近平总书记强调，公平公正在社会治理中的核心作用不可忽视，需要通过制度创新来解决由人为因素造成的不公现象，保证人民平等参与、平等发展的权利。习近平总书记还强调政法战线要维护社会公平正义，让人民群众切实感受到公平正义就在身边。

公平公正在社会治理中的体现的是多方面的。首先，在新型城镇化进程中，深化户籍制度改革，减少农民进城落户的障碍，缩小外来人口与本地居民权益差异，这些举措将促进流动人口的社会融入，加强城乡融合发展。乡村振兴战略的实施，将进一步推动城乡融合发展，缩小城乡发展差距。其次，全面从严治党的深入推进、扫黑除恶专项行动的开展，以及司法和执法体制的改革，都是为了净化社会治理环境，保障广大人民群众的公平公正权利。就业和收入分配制度的完善、社会保障制度的建立健全，都是提高社会治理公平公正水平的重要举措。

三、进一步巩固维权重于维稳的理念

维权重于维稳的理念进一步巩固，标志着社会治理的重心由单纯的稳定维护转向更加注重人民群众的权益保障。这种理念的深化表明，保护和发展人民群众的利益是消除社会不稳定因素、促进社会长治久安的根本途径。全面取消农业税和实施农业补贴政策等，都是这一理念具体实践的例证，这些政策的实施大大改善了农村干群关系，增强了农民的获得感和幸福感。

维权重于维稳的理念要求政府在治理过程中更加注重服务，将管理寓于服务之中，而不是单纯的行政命令和控制。这种服务导向的治理模式能够更好地响应人民群众的需求，解决他们在生产生活中遇到的实际问题。在农村社会治理中，这意味着要从源头上解决问题，防止问题的产生和扩大。例如，通过农业补贴、医疗保障和教育资源的合理分配，有效提升农民的生活

水平，减少因经济困难而引起的社会不稳定因素。全面深化改革，持续优化治理结构和机制，也是实现维权重于维稳理念的重要途径。改革不仅仅是经济层面的，更包括政治、社会和文化等各个方面，只有全方位的改革，才能从根本上提升农村社会治理的效能。

四、进一步兼顾秩序和活力

进一步兼顾秩序与活力，体现了社会治理理念的重要发展。这一理念的核心在于打破传统的治理局限，寻求在稳定秩序和激发活力之间的平衡。这要求在维护社会稳定的同时，要关注和激发社会活力，确保社会治理既有序又充满创新和活力。在具体实践中，这意味着政府需要在放权与管控之间找到合适的平衡点，既要减少不必要的干预，释放市场和社会活力，又要保持必要的规制和秩序，确保社会运行的稳定性。

为了有效激发社会活力，政府采取了"简政放权、放管结合、优化服务"的策略，这不仅体现在行政审批制度和行政体制的改革上，还体现在政府与市场、政府与社会、社会与市场以及中央与地方政府之间关系的合理处理上。这种治理方式鼓励和支持大众创业、万众创新，释放创造财富的源泉，努力实现人尽其才、物尽其用。政府在具体工作中改变了过去依靠简单管制和硬性维稳的做法，更加注重疏导化解、柔性维稳，动员社会组织力量共同参与社会治理，这既增强了社会的自我调节能力，又维护了社会秩序的稳定性。

第三节　改进社会治理方式

一、加强法治保障

加强法治保障是社会治理现代化的关键环节。党的十九大提出的社会治理体制，"完善党委领导、政府负责、社会协同、公众参与、法治保障"① 的框架，其中法治是核心。二十大报告中提出："我们要坚持走中国特色社会主义法治道路，建设中国特色社会主义法治体系、建设社会主义法治国家，围绕保障和促进社会公平正义，坚持依法治国、依法执政、依法行政共同推进，坚持法治国家、法治政府、法治社会一体建设，全面推进科学立法、严格执法、公正司法、全民守法，全面推进国家各方面工作法治化。"② 依法治国是习近平新时代中国特色社会主义思想的重要组成部分，强调通过法律的力量来维护社会秩序、解决社会矛盾、保障人民权益。相关法律法规的制定、修订和废止工作将加快形成贯穿国家治理各个层面的社会治理法律制度体系，这对于农村社会治理尤为重要。因为农村地区的特殊性要求法律制度能够充分考虑到农村的实际情况，有效解决农村地区面临的具体问题。

加强法治保障的同时，也要求各级领导干部提高依法行政、依法办事的能力，运用法治思维和法治方式处理社会矛盾和问题。这不仅是对领导干部个人能力的提升，也是对整个社会治理体系能力的提升。公众的法治意识也需要加强，依法有序表达诉求，依法维护权益，形成全社会尊法学法守法用法的良好氛围。在强调法治的同时，还需要继续发扬德治的作用，实现礼法并用。我国历来强调"礼法共治"，认识到仅靠法律是不够的，还需要道德和文化的支撑。通过法律与道德的结合，可以更有效地维护社会秩序，促进社会和谐，特别是在农村地区，传统文化和习俗对于社会治理仍然有着重要的影响。

二、加强社会组织的参与作用

强化社会组织的参与和作用是社会治理方式改进的重要内容。社会组织作为连接政府和民众的重要桥梁，其在农村社会治理中的作用日益凸显。这

---

① 习近平 . 决胜全面建成小康社会夺取新时代中国特色社会主义伟大胜利：在中国共产党第十九次全国代表大会上的报告［EB/OL］.(2017-10-27)［2023-11-10］.http：// politics.people.com.cn/n1/2017/1027/c1001–29613459.html.

② 习近平 . 高举中国特色社会主义伟大旗帜　为全面建设社会主义现代化国家而团结奋斗：在中国共产党第二十次全国代表大会上的报告 [N]. 人民日报，2022-10-16（1）.

些组织因其接近民众、了解民情的特点，能够在社会治理中发挥独特的优势，比如在社区服务、公共事务参与、社会问题解决等方面提供支持。在农村社会治理体系新方略下，政府鼓励和支持各类社会组织的发展，特别是那些致力于农村发展、农民权益保护、文化教育、环境保护等领域的组织。通过加强与这些组织的合作，可以更有效地动员社会资源和力量。

强化社会组织的参与和作用还意味着要为这些组织提供良好的发展环境和政策支持。这包括简化注册流程、提供税收优惠、开展能力建设培训等措施，帮助社会组织提升服务能力和运作效率。政府还需要加强对社会组织活动的引导和监管，确保其活动符合社会治理的目标和要求，有效保护农村居民的权益，使社会组织成为农村社会治理中不可或缺的力量，共同构建和谐、稳定、发展的农村社会。

三、彰显现代科技的作用

现代科技的作用被进一步彰显，体现为利用科技手段和工具推进社会治理现代化。在处理日益复杂的社会问题时，科技不仅为治理提供了新的思路和方法，也提高了治理的效率和效果。现代科技，特别是信息技术如互联网、物联网、人工智能、云计算和大数据等，已成为改变传统治理模式、优化社会治理结构的关键力量。这些技术的应用不仅增强了政府监管的能力，也促进了社会协同治理，使得社会治理模式从单向管理向双向互动、从线下向线上线下融合转变。

随着乡村振兴战略的推进，农村地区越来越需要利用现代科技解决诸如公共安全、利益纠纷、社会矛盾等问题。例如，通过大数据分析可以更准确地识别和预防各类风险，通过云计算和物联网技术可以有效管理农村资源和环境，通过互联网和移动通信技术可以加强村民的信息交流和参与决策。这些技术的应用不仅提升了农村地区的治理水平，也为农村居民带来了更多的发展机遇。现代科技在农村社会治理中的应用还需注意避免新兴的社会风险，如网络安全问题、个人隐私保护等，确保科技发展的成果能够更好地服务于农村社会的和谐与稳定。

四、精细化和专业化的社会治理

精细化治理体现在对农村社会各个层面问题的细致入微的关注和处理，而专业化治理则体现在治理过程中专业知识和技能的运用。精细化治理的核心在于深入了解农村的实际情况，包括经济状况、文化背景、社会需求等，以便制定出更符合实际、更具针对性的治理策略。这种策略不仅涵盖了经济发展、社会稳定、环境保护等宏观层面，也涉及农村基础设施建设、教育资源分配、医疗保障等微观领域。专业化治理则强调在治理过程中运用专业知识和技能，这不仅要求政府部门和社会组织提高专业素质，还要求引进和培养一批专业人才，比如社会工作者、法律顾问、环境保护专家等，他们能够在解决具体问题时提供专业意见和解决方案。

发展精细化和专业化社会治理还意味着要加强对治理效果的评估和反馈机制。这不仅有助于不断优化治理策略，也能确保治理活动更加贴近农村的实际需求，更具有针对性和有效性。例如，通过定期开展社会调查和民意测验，可以准确把握农村居民的需求和期望，建立有效的沟通渠道，让农村居民直接地参与到社会治理中来。加强精细化和专业化治理也需要政府部门之间、政府与社会组织之间建立紧密的协作机制，确保治理活动的协调性和连贯性。两者的有效结合可以使农村社会治理更加系统化、规范化，有效解决农村地区面临的各种社会问题，推动农村社会的和谐与稳定发展。

五、专业精准的舆情引导

新时代的农村社会治理体系在强调治理实践的同时，越来越注重舆情引导的专业性和精准性。在协调利益关系、化解社会矛盾和应对突发事件等实际行动中，信息的发布和真相的公开变得尤为重要。这不仅是为了以正视听，消除误解，更是为了引导公共舆论，赢得社会各界的理解、信任和支持。实际上，做好社会治理的前提是确保有效的信息沟通和正确的舆情引导。治理行动如未能得到恰当的表达和解读，其成效往往会受到影响，甚至产生反效果。

农村地区的特殊性质——如人口分布的广泛性、文化背景的多样性和信息接收渠道的局限性，要求信息传播必须既专业又精准。这意味着在信息发布时，应考虑农村居民的实际接收能力和信息解读能力，使用贴近农村居民生活、容易理解的语言和形式。信息内容要准确、全面，既要反映政策的真实意图和效果，又要及时回应社会关切，消除疑虑。舆情引导还需借助现代科技手段，如社交媒体、网络平台等，来增强信息的传播效率和覆盖面。通过这些渠道，可以更有效地与农村居民进行互动，及时收集反馈，调整治理策略。专业的舆情引导团队也至关重要，他们不仅需要具备良好的公关能力和危机处理能力，还要深入了解农村社会的具体情况，以确保信息传播的针对性和有效性。

新时代农村社会治理体系的改进不仅体现在"做"的层面，还体现在"说"的艺术上。通过专业精准的舆情引导，不仅能够提升治理行动的实际效果，还能增强政府与农村居民之间的沟通和信任，为社会治理的顺利进行创造良好的舆论环境。

第四节　聚焦社会治理重点任务

一、统筹推进风险治理和应急处置

农村社会治理体系新方略中，统筹推进风险治理和应急处置成为改进社会治理方式的关键组成部分。传统上，社会治理更多聚焦于常态下的风险管理，例如，协调利益关系、预防和控制社会风险、解决社会问题和矛盾等，而对于突发事件的应急处置则相对缺乏深入研究和充分准备。在新的治理方略中，这一状况正在发生改变。农村社会治理不仅要重视日常的风险管理，还要提高应对突发事件的能力，实现两者的有效结合。这意味着在进行风险评估、制定预防措施的同时，要建立完善的应急响应机制，确保一旦发生突发事件，能够迅速、有效地做出反应。

为了实现这一目标，需要在多个层面上进行努力。首先，需要加强对农村地区潜在风险的识别和评估，包括自然灾害、公共卫生事件、社会安全问题等。这不仅要求政府部门增强风险意识，还要求利用科技手段，如大数据分析、监测预警系统等，提高风险预测的准确性和及时性。其次，建立和完善应急处置机制至关重要。这包括制定详细的应急预案，组建专业的应急响应队伍，定期进行应急演练，确保一旦发生突发事件，各方能够快速协调，有效处置。还需要加强与社区、民间组织的合作，发挥他们在应急处置中的重要作用，比如通过社区网络快速传递信息，动员民间力量参与救援等。通过这些措施，可以确保农村社会治理在常态和非常态两种状态下都能有效运行，增强农村地区应对各类风险和挑战的能力。

二、凸显公共安全的地位

公共安全的地位显著凸显，这是对治理方式的重要改进。公共安全不仅是社会稳定的基础，也是农村发展和保障居民生活质量的关键因素。公共安全的涵盖范围广泛，不仅包括传统的自然灾害、公共卫生事件和社会安全问题，还扩展到了网络安全、环境保护等新兴领域。这种全面的公共安全观念要求农村社会治理必须跳出狭隘的视角，形成一个包容性强、多元化的安全治理体系。在实际操作中，这意味着要建立健全预防机制和应急响应机制，不仅要及时应对各种突发事件，还要在日常生活中不断提高防范能力和风险意识。比如，加强对公共设施的管理和维护，改善消防、交通等基础设施，提高农村地区的抗灾能力和应急处理能力。通过科技手段，如利用大数据分析进行风险评估和预测，建立监测预警系统，可以有效提高公共安全管理的智能化和科学化水平。

凸显公共安全在农村社会治理中的地位也要求增强居民的安全意识和自救互救能力。这不仅是政府的责任，也是社会各界共同的任务。需要通过教育培训、宣传普及等方式，提升农村居民对公共安全重要性的认识，增强他们在遭遇突发事件时的自我保护和互助能力。例如，定期开展安全教育和应急演练，教授基本的安全知识和自救技能，提高居民的安全防范和应急处置能力。还需要鼓励和引导社会力量参与到公共安全治理中，比如建立志愿者队伍，动员社会组织和企业参与到公共安全项目中，形成政府、社会和居民共同参与的治理格局。通过这些举措，不仅能够有效提高农村地区的公共安全水平，还能促进社会的和谐稳定，为农村社会的可持续发展打下坚实基础。

三、统筹开展现实社会治理与网络治理

统筹开展现实社会治理与网络治理相结合成为一种重要的治理改进方式。随着信息技术的快速发展和互联网的普及，网络空间已成为影响和塑造现实社会治理的重要因素。网络治理不仅涉及信息的传播和舆论的引导，还与农民的生产生活、文化交流、教育和健康等多个方面紧密相关。因此，有效的社会治理必须将现实社会与网络空间视为一个整体，进行全面的规划和管理。这种整体治理的核心在于既要处理好传统社会中的各类问题，如农村经济发展、环境保护、公共安全等，还要关注网络空间可能带来的新挑战，比如网络安全问题、网络谣言、数字鸿沟等。这一目标的实现，需要政府在制定政策时兼顾现实社会和网络空间的特点和需求，加强网络基础设施建设，提高农村地区的网络覆盖率和居民的数字素养，确保网络技术的发展能够惠及农村地区。

农村社会治理体系的改进还需要加强网络舆论的引导和网络文化的建设。网络空间是舆论形成和传播的重要场所，对农村居民的观念、行为乃至社会治理都有深刻影响。因此，加强网络舆论引导，建设健康向上的网络文化，对于提升农村社会治理水平具有重要意义。这包括推广正能量的网络内容，引导农村居民正确使用网络，增强其识别错误信息的能力。通过网络平台加强与农村居民的互动交流，及时了解他们的需求和意见，反馈治理成效，这样既能增强政策制定和实施的针对性和有效性，也能增强农村居民对政府工作的信任和满意度。有效整合现实社会治理和网络治理，促进农村社会的全面和谐发展。

四、重视社会心理服务体系建设

随着社会的发展和生活节奏的加快，心理健康问题逐渐成为影响社会

稳定与和谐的重要因素，尤其在农村地区。由于教育、医疗资源的不均等分配，农村地区在心理健康服务方面长期存在着缺乏和滞后的问题。在农村社会治理体系新方略中，强调建立和完善社会心理服务体系，不仅意味着提供专业的心理咨询和治疗服务，还包括普及心理健康知识，提高农村居民的心理健康意识和自我调节能力。这些措施的实行体现了对农村居民生活质量的全面关注，旨在通过改善心理健康状况，增强农村居民的幸福感和归属感，促进社会的稳定和谐。

社会心理服务体系的建设需要从政策制定、资源配置、专业人才培养等多个方面入手。首先，政府应制定相应的政策，支持心理健康服务在农村地区的发展，包括投入必要的财政资金，建立心理健康服务机构，配备专业的心理健康工作者。其次，要通过教育和培训提高农村居民的心理健康意识，普及基本的心理健康知识，帮助他们识别和处理常见的心理问题，减少心理疾病的发生。还需要引入专业的心理咨询师、社会工作者等，为农村居民提供专业的心理支持和咨询服务。可以利用互联网等现代技术手段，发展远程心理咨询服务，拓宽服务范围，使更多农村居民能够获得及时有效的心理支持。通过这些措施，可以有效提升农村地区的社会心理服务水平，为农村社会治理提供坚实的心理健康基础，促进农村社会的全面和谐发展。

五、城乡社区成为社会治理的重心

城乡社区的作用被显著强化，成为社会治理的重心。这一转变是基于对城乡社区在连接政府与居民、整合资源与服务、促进社会和谐等方面的独特价值的认识。城乡社区作为社会治理的前沿阵地，直接面对居民的日常生活，对维护社会稳定、促进公共服务、实现居民福祉有着不可替代的作用。在农村社会治理体系新方略下，城乡社区不仅承担着传统的社会管理和服务职能，还要发挥引导社会文化、促进社会参与和创新社会治理模式的作用。这需要社区不仅具备处理日常事务的能力，还应具备应对复杂社会问题的智慧和策略。比如，通过社区组织的活动，加强邻里关系，提升社区凝聚力；通过社区服务，满足居民多样化的需求，解决他们的实际困难。

　　城乡社区在社会治理中的重心地位，也意味着需要更多地依靠社区居民的参与和自我管理。这种治理模式更加注重居民的主体性和参与性，能够更有效地调动居民的积极性，提升治理的针对性和有效性。为了实现这一目标，社区需要建立更加开放和包容的治理机制，鼓励居民参与到社区事务中来，发挥他们的智慧和创意参与治理。社区还需要加强与政府部门、社会组织和企业等的合作，形成多元化的治理合力。例如，通过政府的支持，引入社会组织的专业服务、企业的资金和技术等，共同推进社区建设和发展。通过这些措施，可以使城乡社区成为连接政府和居民、整合各类资源、促进社会和谐的重要平台，为农村社会治理提供坚实的基础。

参考文献

[1] 黄森慰.公众参与农村环境治理机制研究[M].北京：中国环境出版社，2023.

[2] 衡霞，向洪讯.农村社区治理能力现代化研究[M].北京：中国社会科学出版社，2023.

[3] 舒永久，何宇，颜怀坤.乡村振兴背景下农村治理实践创新研究[M].北京：中国农业出版社，2023.

[4] 胡永保.全面推进乡村振兴背景下农村基层互动治理研究[M].北京：中国社会科学出版社，2023.

[5] 金仁旻，陈倩倩.新农村人居环境治理及案例分析[M].合肥：安徽科学技术出版社，2022.

[6] 邓大才.中国农村社会形态与村落治理：满铁农村调查（惯性类）导读[M].北京：中国社会科学出版社，2022.

[7] 王伟.现代乡村社会治理系列 农业农村法律法规实用手册[M].合肥：安徽科学技术出版社，2021.

[8] 卞辉.现代乡规民约与农村基层社会治理创新[M].北京：中国民主法制出版社，2022.

[9] 甘燊卫.农村社会治理的法治转型和权利发展[M].沈阳：辽宁大学出版社，2020.

[10] 饶旭鹏，陈东．新农村建设与农村社会治理创新 [M].兰州：甘肃文化出版社，2015.

[11] 卞辉．农村社会治理中的现代乡规民约 [M].北京：社会科学文献出版社，2019.

[12] 李明主．中国农村政治发展与农村社会治理研究 [M].北京：知识产权出版社，2011.

[13] 魏鸿．全面小康与农村社会治理研究 [M].南昌：江西科学技术出版社，2019.

[14] 耿永志，王慧军．农村社会治理创新研究：基于河北省 100 个村庄的考察 [M].北京：中国社会科学出版社，2016.

[15] 张立程．农村社会治理 [M].杭州：浙江教育出版社，2018.

[16] 李长健．中国农村社会治理法治化研究：基于社区发展的视角 [M].武汉：湖北人民出版社，2015.

[17] 桂华．社会组织参与农村基层治理研究 [M].武汉：华中科技大学出版社，2019.

[18] 吕军，侯俊东，庄小丽．两型社会农村生态环境治理机制研究 [M].武汉：中国地质大学出版社，2016.

[19] 鲁可荣．农村社会组织建设与农村基层社会治理创新：基于浙江实践的研究 [M].济南：山东人民出版社，2015.

[20] 徐顽强．农村社区化与农村基层社会治理创新 [M].北京：科学出版社，2019.

[21] 罗中枢，王卓．公民社会与农村社区治理 [M].北京：社会科学文献出版社，2010.

[22] 杨乙丹．转型期中国农村社会安全风险的演变与治理 [M].北京：社会科学文献出版社，2016.

[23] 周艳玲，李静芳．社会资本视域下中国农村社区治理研究：基于 N 村的个案调查 [M].北京：化学工业出版社，2014.

[24] 党国英，萨夫拉尼克，冯兴元．农村治理、社会资本与公共服务 [M].北京：中国社会科学出版社，2013.

[25] 贺海波. 差序治理：国家与农村社会的分层互动：以后税费时期的花镇为例 [M]. 北京：社会科学文献出版社，2017.

[26] 董江爱. 精英主导下的参与式治理：建设社会主义新农村的常平之路 [M]. 太原：山西人民出版社，2007.

[27] 唐晓腾. 基层民主选举与农村社会重构：转型期中国乡村治理的实证研究 [M]. 北京：社会科学文献出版社，2007.

[28] 乔运鸿. 乡村治理：从二元格局到农村社会组织的参与：以山西永济蒲韩乡村民间组织为例 [M]. 北京：中国社会出版社，2016.

[29] 王勇，金成波，董亚伟. 社会治理法治化研究 [M]. 北京：中国法制出版社，2019.

[30] 吴理财. 改革开放 40 年：湖北农村社会治理 [M]. 北京：中国社会科学出版社，2018.

[31] 陈恩. 农村社会治理的底线逻辑基于 H 县农民生育史的考察 [M]. 北京：中国经济出版社，2016.

[32] 李飞龙. 西南民族地区农村的社会治理 [M]. 北京：人民出版社，2019.

[33] 李飞龙. 西南民族地区农村的社会治理（1949—1966）[M]. 北京：人民出版社，2020.

[34] 罗正业. 灾害应对视角下社会治理变迁和农村基层社会治理体系建设研究 [M]. 北京：中国农业出版社，2023.

[35] 任广飞. 构建治理保障体系创新农村社会管理 [J]. 机构与行政，2015（3）：31-33.

[36] 门献敏. 在社会治理体系创新中提升农村社会组织公共服务能力 [J]. 学术交流，2014（8）：186-191.

[37] 张云帆，谢朝阳. 乡村全面振兴背景下现代农村社会综合治理体系构建研究 [J]. 农业经济，2023（8）：40-42.

[38] 樊锦. 新时代农村社会治理体系完善研究 [J]. 农村·农业·农民（B版），2022（1）：20-21.

[39] 沈东珍.构建农村社会治安防控体系提升基层治理水平：以山东日照为例 [J].新西部，2021（10）：121-122，125.

[40] 李小伟."三治融合"创新农村社会治理体系 [J].经济问题，2021（10）：95-103.

[41] 郭亮.发达地区农村社会治理体系的特征、问题及其运行风险：以长三角农村地区为例 [J].湖湘论坛，2021，34（5）：37-46.

[42] 黄丽莉，刘佳，易苗苗.农村居民政治参与及社会治理的影响因素实证分析：基于四川省六个村的实地调研 [J].农村经济与科技，2021，32（1）：217-221.

[43] 李玉祥.农村基层社会治理面临的挑战、缘由及对策探析 [J].新经济，2020（12）：74-77.

[44] 王向南.提升乡村治理能力的路径探析：社会组织参与乡村社会治理的模式 [J].吉林工程技术师范学院学报，2020，36（11）：62-65.

[45] 张晶.当前农村社会治理存在的症结及解决对策 [J].农业经济，2020（8）：42-44.

[46] 刘一凡.浅析乡村振兴背景下农村社会治理存在的问题 [J].农村·农业·农民（B 版），2020（7）：26-27.

[47] 卢保娣，张石俊.新时代河南农村社会管理创新中的乡风文明治理研究 [J].华北水利水电大学学报（社会科学版），2020，36（3）：103-110.

[48] 聂建亮，吴玉凡.乡村振兴战略背景下社会保障参与农村社会治理路径分析 [J].济南大学学报（社会科学版），2020，30（2）：123-131，159-160.

[49] 仇运前.加强农村社会治理筑牢发展"堡垒"[J].当代广西，2020（2）：62.

[50] 张远娜，毕明.基于信用体系建设的农村社会治理创新：山东省荣成市的实践探索与启示 [J].宁夏党校学报，2020，22（1）：66-70.

[51] 姜秀华.陕甘宁边区农村社会治理的实践与启示 [J].中国经贸导刊（中），2019（12）：113-116.

[52] 张雅洁. 我国农村社会治理法治化的演进逻辑与实践创新研究 [J]. 农业经济，2019（12）：12-14.

[53] 焦健. 农村社会治理现代化面临的困境及对策 [J]. 中国农业会计，2019（12）：79-82.

[54] 柏巍. 新时期农村社会矛盾解决的思路与建议 [J]. 法制与社会，2019（31）：133-134.

[55] 戚广振，高学栋. 新时代构建农村社会治理保障体系探索：以山东省费县"3+4"农村社会治理保障体系为例 [J]. 山东行政学院学报，2019（4）：8-14，42.

[56] 郭素霞. 试析网络信息技术推进农村社会治理的作用路径 [J]. 农村经济与科技，2019，30（12）：209-210.

[57] 吴亭，李霞，谢睿. 安徽省农村社会组织监管机制改革研究 [J]. 铜陵学院学报，2019，18（3）：16-19.

[58] 张祝平. 当前农村社会治理的若干问题及其法治化思考：基于对江浙一带农村社会或农村形态区域的观察 [J]. 江南论坛，2019（1）：27-29.

[59] 张娜. 全面提升农村社会治理水平的建议 [J]. 南方农机，2018，49（20）：159.

[60] 曾宇航. 民族地区基层社会治理创新的实践与探索：以贵州省台江县为例 [J]. 中国行政管理，2018（10）：148-150.

[61] 徐瑞仙. 治理体系现代化视阈下的农村社会保障制度改革 [J]. 开发研究，2018（2）：85-90.

[62] 陈巧玲，姚梦艳. 农村社会治理创新从哪里起步 [J]. 人民论坛，2017（13）：74-75.

[63] 郑亮，杨燕菱. 农村土地制度改革背景下的农村社会治理新常态 [J]. 哈尔滨市委党校学报，2016（5）：34-39.

[64] 白关峰，王鹏. 干部下乡与南疆农村社会治理：对"访惠聚"活动的分析与思考 [J]. 新疆社科论坛，2016（4）：63-66.

[65] 薛冰山，陈斌. 健全完善农村社会治理体系 [J]. 共产党员（河北），2016（19）：52.

[66] 舒明艳，高啸.农村社会治理的阶段性特征：观察一个发达省份 [J].重庆社会科学，2016（4）：64-71.

[67] 史云贵，孙宇辰.我国农村社会治理效能评价指标体系的构建与运行论析 [J].公共管理与政策评论，2016，5（1）：17-25.

[68] 彭正波，农珑.基于基层治理体系演化的农村治理危机分析 [J].农业经济，2016（2）：86-88.

[69] 贺逸群.构建"元治理"理论下的中国特色农村治理体系：以土地流转为核心的农村治理体系研究 [D].天津：天津商业大学，2022.

[70] 朱金梅.十八大以来党的农村社会治理创新经验研究 [D].曲阜：曲阜师范大学，2022.

[71] 景华.乡村振兴背景下我国农村共治研究 [D].西安：西安科技大学，2021.

[72] 项坚.农村网格化管理研究 [D].南昌：江西师范大学，2020.

[73] 王亚军.多元主体参与农村基层协商共治研究 [D].南充：西华师范大学，2020.

[74] 李叶.农村社会治理供给侧改革问题及对策研究 [D].北京：对外经济贸易大学，2019.

[75] 王慧.习近平关于农村社会治理思想研究 [D].合肥：安徽大学，2019.

[76] 陈建辉.大数据在农村社会治理问题中的应用研究 [D].南京：南京航空航天大学，2018.

[77] 赵晓娜.察哈尔右翼中旗农村社会治理问题研究 [D].呼和浩特：内蒙古农业大学，2018.

[78] 简芳.城乡统筹视域下中国农村治理研究 [D].长春：东北师范大学，2017.

[79] 黄怡.宝兴县转型期农村社会治理体系构建路径研究 [D].成都：四川农业大学，2016.

[80] 蔡望.农村社会组织参与乡村社会治理的困境及对策研究 [D].重庆：重庆大学，2015.